クロスステッチで楽しむ

和の模様

改訂版

遠藤佐絵子

河出書房新社

目次

人気の文様

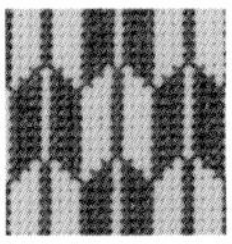
矢羽根……7

算崩し……7

鱗……9

市松……9

青海波……9

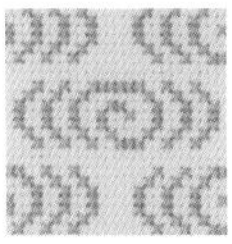
観世水……10

麻の葉つなぎ……10

菊立涌……10

紋入り亀甲……13

子持ち亀甲……13

八重亀甲……13

檜垣……14

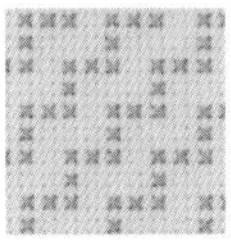
段つなぎ……14

松皮菱……14

井桁万字……17

紗綾形……17

雷格子……17

七宝つなぎ……19

籠目……19

御召十……19

歌舞伎に由来する文様

高麗屋格子……20

芝翫縞……20

三枡つなぎ……21

六弥太格子……21

モチーフ文様

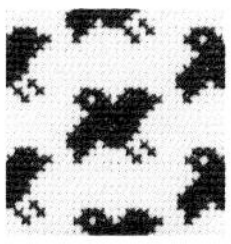
群千鳥 …… 22

千鳥つなぎ …… 22

千鳥立涌 …… 23

蝙蝠つなぎ …… 24

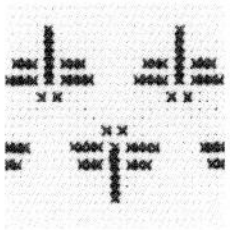
蜻蛉 …… 25

算盤縞 …… 26

刷毛ならべ …… 27

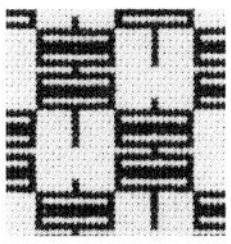
鰻つなぎ …… 28

鷗石畳 …… 29

向かい鶴菱 …… 30

雲鶴 …… 32

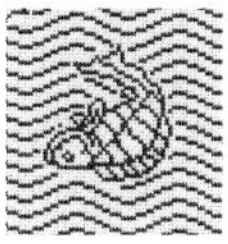
荒磯 …… 33

北斎『新形小紋帳』の文様

角の七宝 …… 34

三重格子 …… 35

四つで …… 35

文の字つなぎ …… 36

神通綱 …… 36

松波 …… 37

藤種形 …… 37

瓦小ロ …… 38

ねぢのふじたね …… 38

唐様のしょうじのくみかた …… 39

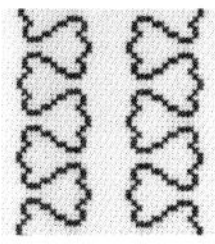
行つもどりつ …… 39

格子、花・植物、菱の文様

格子

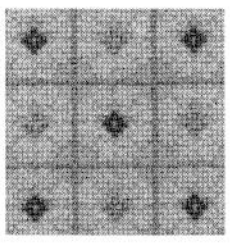
梅格子 …… 40

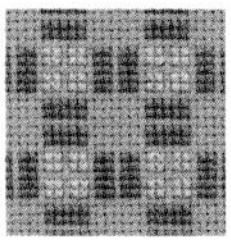
二本格子 …… 41

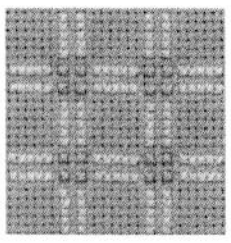
二重格子 …… 41

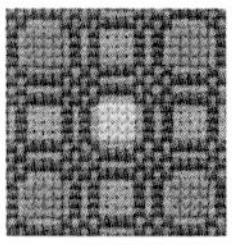
変わり格子 …… 42

網代格子 …… 42

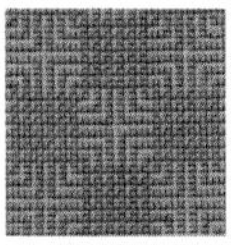
変わり格子 …… 43

米格子 …… 43

花

花と霞 …… 44

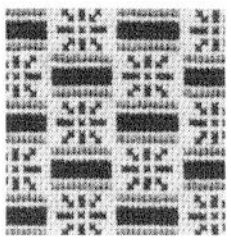
花入り石畳 …… 44

小花 …… 45

四つ桜 …… 45

植物

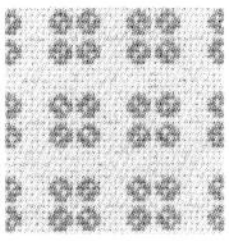
胡麻 …… 46

柏の格子 …… 46

変わり四つ葉 …… 47

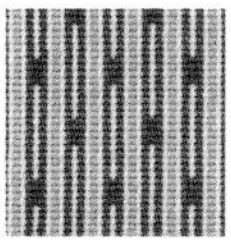
木賊縞 …… 47

菱

剣菱 …… 48

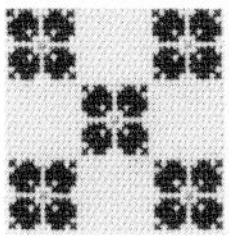
市松花菱 …… 48

唐花菱 …… 49

業平菱 …… 49

文字に由来する文様

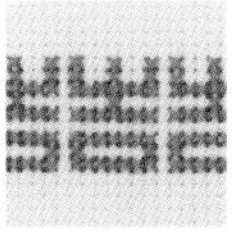
角吉 …… 50

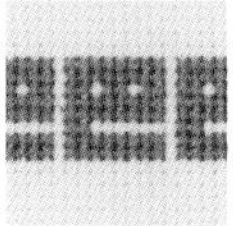
角巴 …… 50

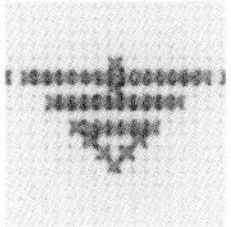
吉鱗 …… 50

繋叶 …… 50

福寿 …… 51

菊桐 …… 51

富 …… 51

八 …… 51

和の文様を小物に刺繍 …… 52

ブックカバー、がまぐち、
ティッシュケース、巾着、
コースター、飾りフレーム、
テーブルセンター

配色について …… 59

クロスステッチの基本 …… 60

道具と材料、刺繍糸の扱い方、
クロスステッチの刺し方、
糸始末の仕方

掲載文様の図案 …… 64

人気の文様

日本で長く親しまれてきた文様を紹介します。
これらの文様は、着物などの衣裳や身の回りのものによく使われ、
バリエーションも多く見られます。

矢羽根 yabane

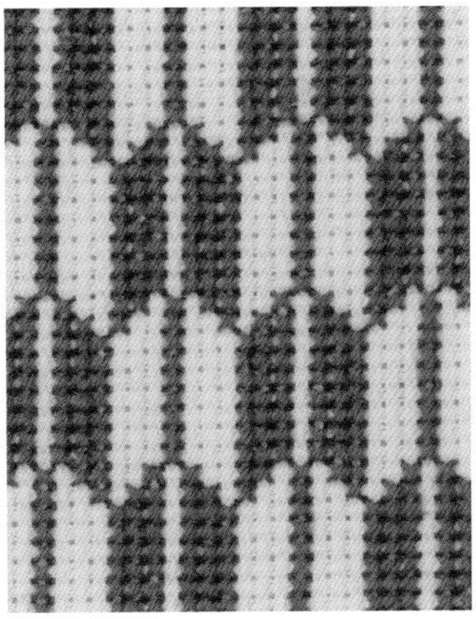

弓矢の羽根の部分を文様にしたもの。古くから使われてきた文様ですが、着物の柄として好まれ、この文様の絣《かすり》を矢《や》絣《がすり》といいます。放った矢は戻らないことから、矢絣の着物を持たせると出戻らないとして、縁起柄とされました。

図案≫p65

算崩し san-kuzushi

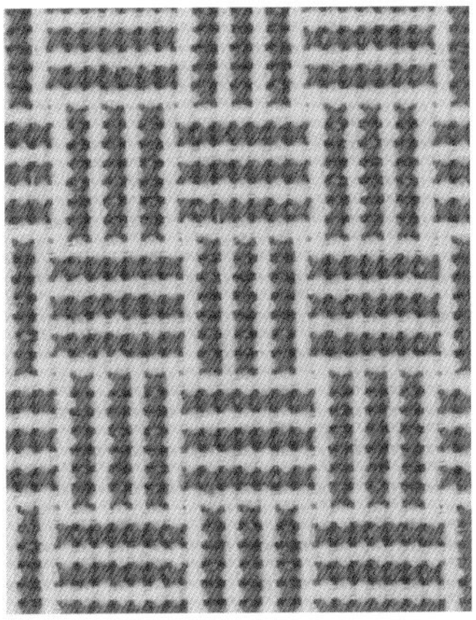

和算に用いる算木を崩した文様。算木三本が配列されているため「三崩し」とも。また、三本の平行線で網《あ》代《じろ》に組んでいることから「網代文様」ともいわれます。網代とは檜や杉などを薄い板状にし、編んだもの。規則正しい編み目が好まれました。

図案≫p65

鱗 uroko

連続する三角形の文様が龍や大蛇の鱗を連想させることから、このように呼ばれます。古くから三角形は魔物や病をさすとされ、近世になると厄除けの文様として使われました。能や歌舞伎では、鬼女や蛇の化身の衣裳に使われます。

図案≫p65

市松 ichimatsu

二種類の色違いの正方形を上下左右に互い違いに並べた文様。敷石を交互に敷き詰めた形に由来し、古くは「石畳」と呼ばれました。江戸中期、歌舞伎役者の中村座佐野川市松が紺と白のこの文様の袴をつけ評判になったことから、市松と呼ばれるようになりました。

図案≫p66

青海波 seigaiha

波が繰り返すこの文様は、カスピ海周域に発し、中国を経て日本に入ってきました。平安時代、雅楽「青海波」の衣裳に用いられたことでこの名がつきました。絶えることなく繰り返される波は、悠久の時間を表すことから、吉祥文様《きっしょうもんよう》とされました。

図案≫p66

観世水 kanzemizu

水の流れをかたどった「流水文」の一つで、中央に渦巻き(巻き水)、左右に水波を配した柄を並べた文様。横長の平べったい形が特徴的なこの文様は、能楽の流派・観世流が使ったことからこのように呼ばれています。

図案≫p66

麻の葉つなぎ asanoha-tsunagi

六星形とその中心から各頂点を結んだ線で表現された形が麻の葉に似ていることに由来します。江戸後期に歌舞伎で女形の衣裳に用いられ、女性の間で流行の文様となりました。麻が丈夫ですくすくと真っすぐ育つことから、子どもの着物にも使われました。

図案≫p67

菊立涌 kiku-tatewaku

ふくらみとくぼみのある波状の曲線を向かい合わせに配した形は、雲気、水蒸気が沸き立ちのぼっていく様子を表しています。この文様を立涌といい、その中に菊柄を入れたのが菊立涌。菊以外にもさまざまな柄が配されます。

図案≫p67

紋入り亀甲　moniri-kikkou

亀甲は縁起ものである亀の甲羅に由来する六角形の文様。西アジアで生まれ、シルクロードを経て日本に伝わったとされ、長寿の象徴として古くから親しまれてきました。亀甲の中に花菱紋の入ったこの文様は、花菱亀甲ともいわれます。

図案≫p68

子持ち亀甲　komochi-kikkou

亀甲の中に亀甲文様がもう一つ重なって入っていることからこのように呼ばれ、二重亀甲ともいわれます。現代では「亀甲」といえば二重になった子持ち亀甲をさすことが多く、家紋では子持ち亀甲の中に柄を入れたものが多数見られます。

図案≫p68

八重亀甲　yae-kikkou

古くからある亀甲文様は時代とともにそのデザインの幅を広げてきました。亀甲が少しずつ重なり連なったこの文様もその一つ。長寿や幸福を祈る文様として生活の中に用いられました。

図案≫p68

檜垣 higaki

檜の薄板や竹、葦などを薄くして編んだものを網代《あじろ》といい、天井や垣などに使われました。それを文様化したものを広く網代文様と呼びます。檜垣は、檜の薄板を斜めに編んで作った垣根のこと。檜垣文様は網代文様の一つといえるでしょう。

図案≫p69

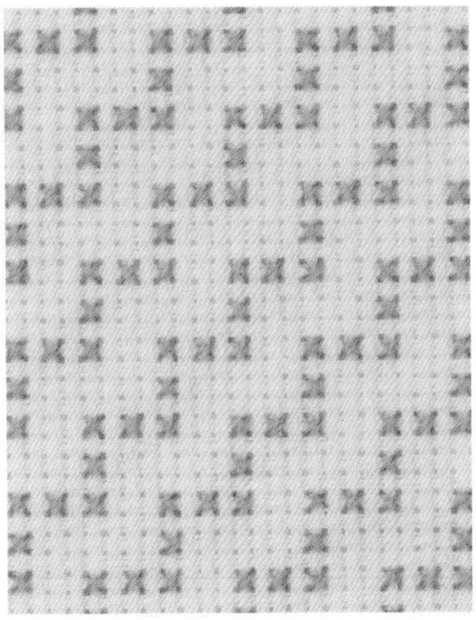

段つなぎ dan-tsunagi

刺し子でほどこされることの多い柄で、階段状の連続文様のため、生地に対して斜めに柄が入るのが特徴的。直角が美しい文様だからこそ、クロスステッチにぴったりです。

図案≫p69

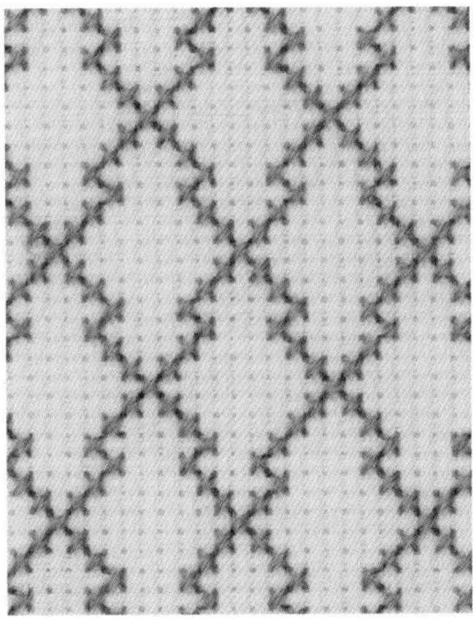

松皮菱 matsukawabishi

菱形の上下にさらに小さな菱形をつけた形。松の皮をはがした形に似ていることから、このように呼ばれています。真ん中の菱形が大きいことから中太菱と呼ばれることも。さまざまな意匠の家紋に用いられています。

図案≫p69

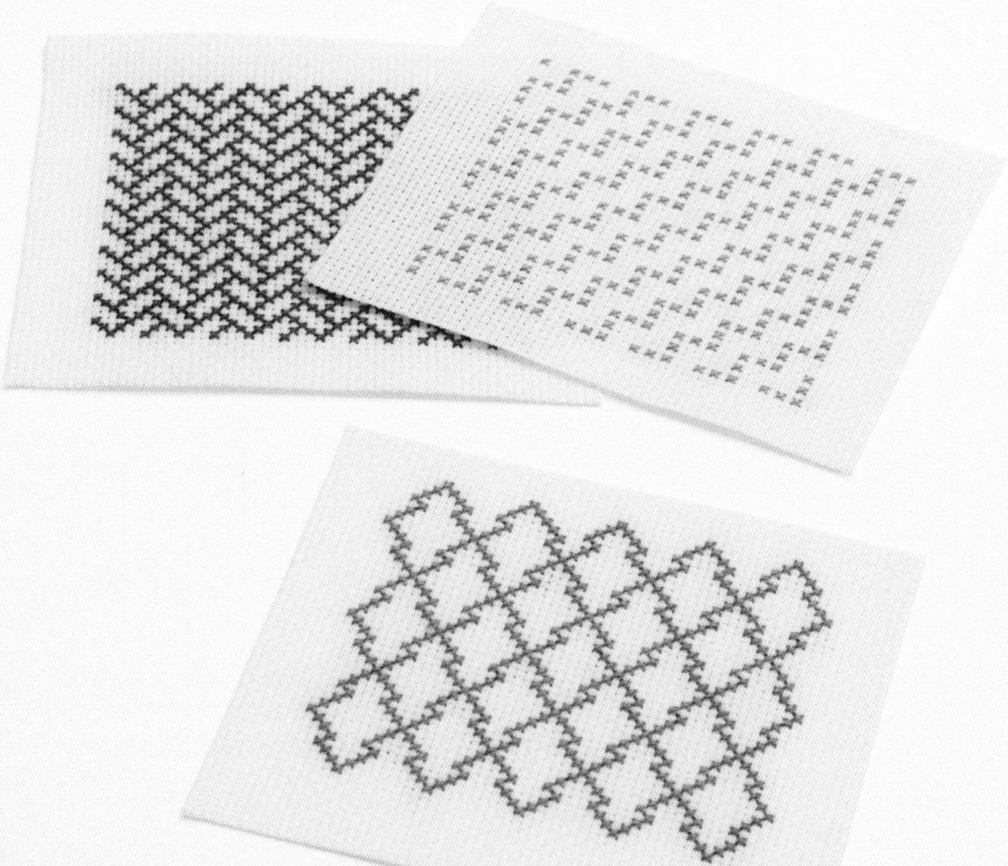

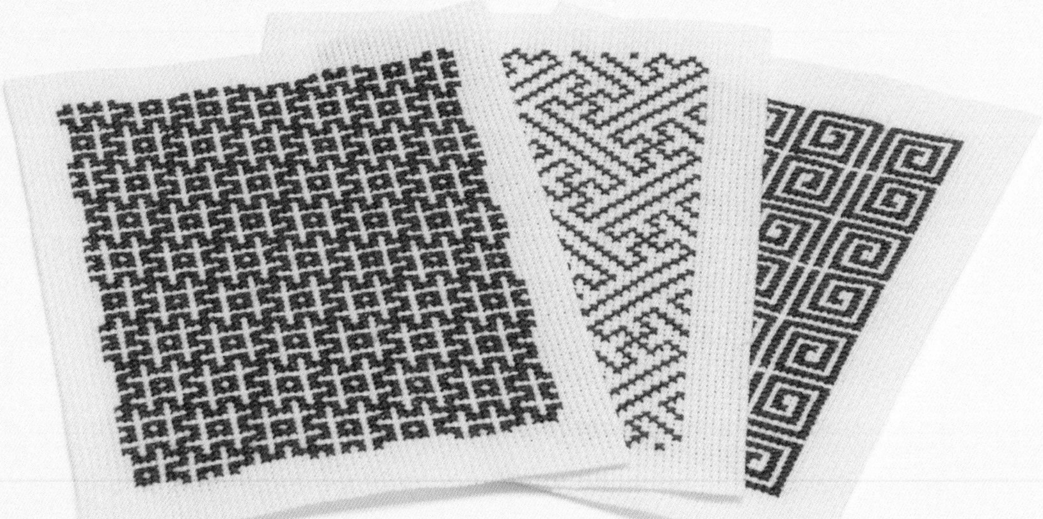

井桁万字 igeta-manji

井桁は縦に二本、横に二本の線が交差した形で、井戸の上部に組まれた木枠を示しています。元々は、正方形のものを井筒、菱形を井桁と呼び分けていましたが、やがて混用されるようになりました。

図案≫p70

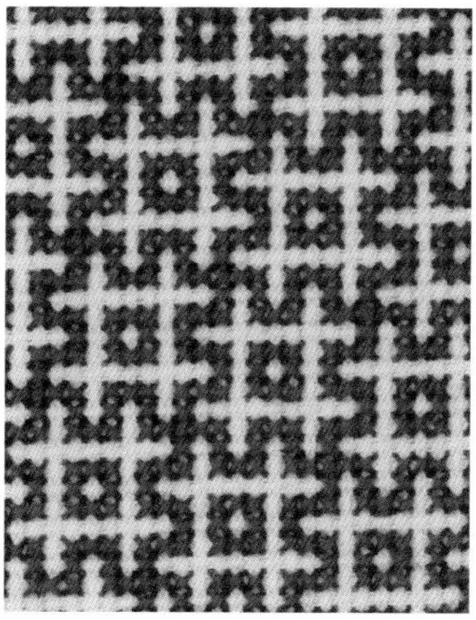

紗綾形 sayagata

仏教で吉祥とされる「卍」を斜めに崩して組み合わせ、連続文様にしたもの。万字つなぎ、菱万字ともいわれます。安土桃山時代に明(中国)から輸入された紗綾という織物に見られたことからこのように呼ばれます。

図案≫p70

雷格子 kaminari-goushi

雷を四角い渦巻きに見立て、規則正しく格子状に並べた文様です。発祥は紀元前の中国。雷は雨を呼び大地に実りをもたらすものと考えられたため、五穀豊穣や豊作を願い、この文様が身の回りの器物や衣装に用いられたといいます。

図案≫p70

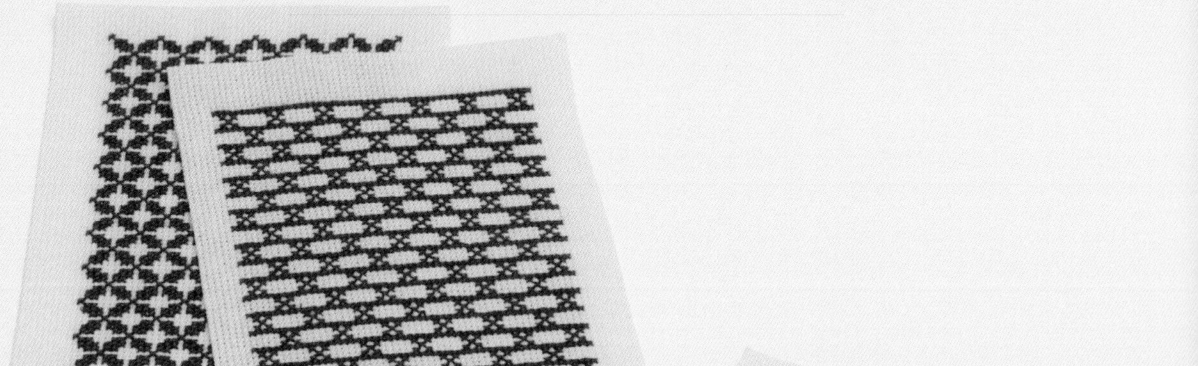

七宝つなぎ sippou-tsunagi

円を四分の一ずつ重ねてつないだ文様。円形は円満を意味し、限りなくのびることから縁起のよい文様とされ、「四方」から「七宝」になったとされます。また、この連続文様が仏教で言う七つの宝（金・銀・瑠璃・瑪瑙《めのう》・硨磲《しゃこ》・琥珀・珊瑚 ※経典により諸説あり）を散りばめたような美しい文様であることから、このように呼ばれたともいわれます。

図案≫p71

籠目 kagome

竹で編んだ籠の編み目を表しています。中でも代表的な編み方である六つ目編みが文様化されたものが多く、着物や浴衣に多く用いられてきました。籠目を連続させた文様は、目が多いことから魔除けの意味があるとされています。

図案≫p71

御召十 omeshijuu

十字の間に小さな丸が規則正しく配された文様です。江戸時代、各大名家は裃《かみしも》柄として定めた小紋を用いていました。御召十はこの定め小紋の一つで、遠くから見るとまるで無地のような繊細さ。徳川将軍家が用いたとされています。

図案≫p71

歌舞伎に由来する文様

江戸時代中期以降、歌舞伎俳優が用いる衣裳に新しい柄が考えられるようになりました。演目に合わせたもの、俳優個人や屋号に由来するものなどさまざまです。そのいくつかを紹介します。

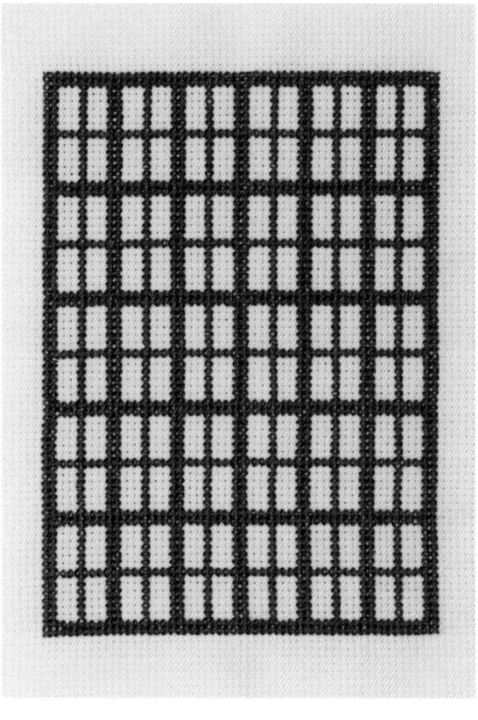

高麗屋格子 kouraiya-goushi

太い縞と細い縞を交互に交差させており、横よりも縦の間隔が広い格子です。四代目・松本幸四郎が狂言の演目「鈴ヶ森」の中でこの柄の合羽を着たことにより、屋号「高麗屋」の名を取り、このように呼ばれます。

図案≫p72

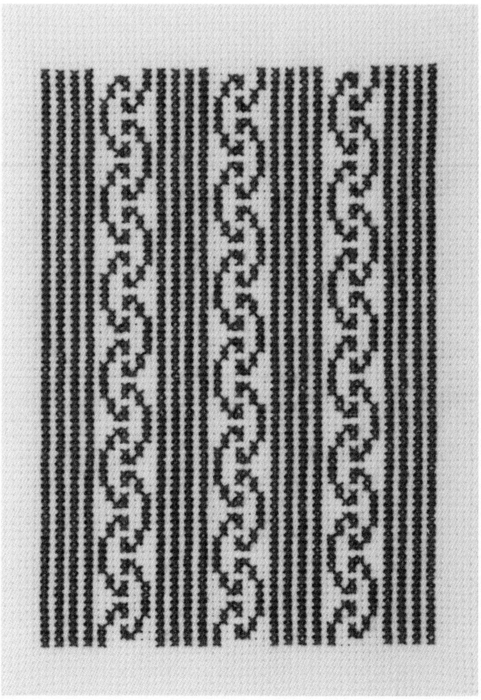

芝翫縞 shikan-jima

簞《たん》笥《す》の取っ手をつないだ文様(鐶つなぎ)と四本の縦縞を合わせた文様で、四鐶縞ともいわれます。初代・中村芝翫(三代目・中村歌右衛門)が、その名前の語呂合わせから愛し、用いた文様です。

図案≫p72

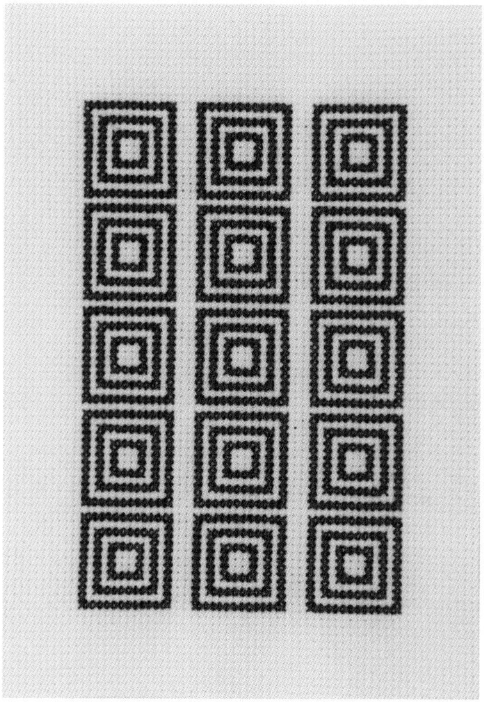

三枡つなぎ mimasu-tsunagi

正方形を三つ重ねた文様を、大きさ違いの枡が入れ子のようになっている様に見立てて、三枡文といいます。初代・市川團十郎が考えたとされる市川家の定紋。この三枡文を並べた文様を三枡つなぎといいます。

図案≫p73

六弥太格子 rokuyata-goushi

三枡文を互い違いに組み合わせた連続文様。歌舞伎の演目「一谷武者画土産《いちのたにむしゃえのいえづと》」にて八代目・市川團十郎扮する岡部六弥太が着た裃の文様です。やがて、男性の浴衣の柄としてよく使われるようになりました。

図案≫p73

モチーフ文様

生きものや生活道具などをモチーフに文様化したものです。
文様にするモチーフには、それぞれ象徴的な意味合いや縁起かつぎがあり
人々のさまざまな願いが込められています。

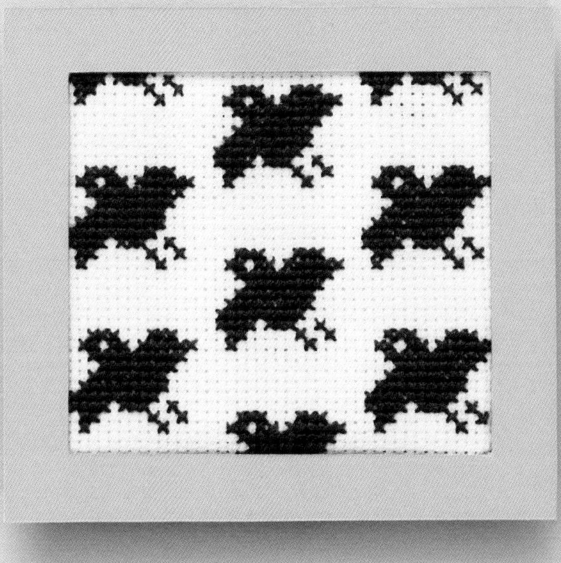

群千鳥

murechidori

図案≫p74

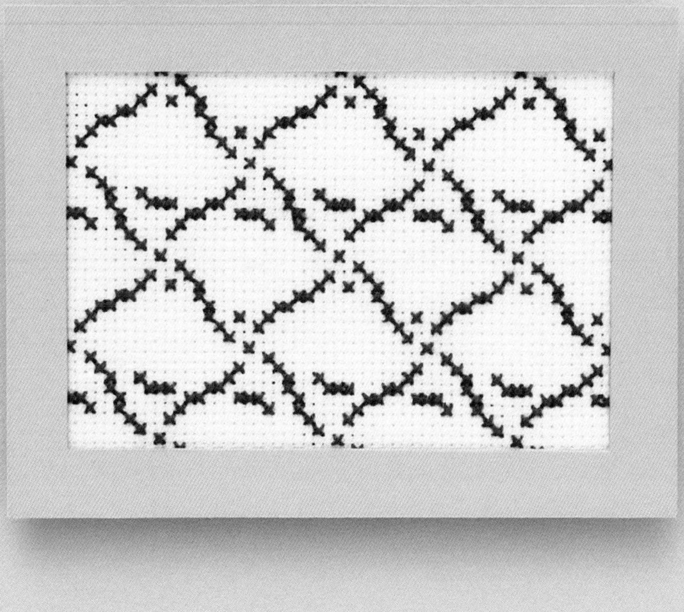

千鳥つなぎ

chidori-tsunagi

図案≫p74

千鳥

千鳥は特定の鳥の名前ではなく、海や河原などの水辺にすむチドリ科の小さな鳥の総称。『万葉集』や『古今和歌集』などでも詠まれ、古くから愛されてきたモチーフです。江戸時代以降、ふくよかに描かれることが多くなったといわれています。

千鳥立涌　chidori-tatewaku

図案≫p74

蝙蝠つなぎ　koumori-tsunagi

交互に飛び交う蝙蝠を点でつないだ文様。中国では「蝠」の字が「福」と同じ発音のため、幸福、長寿のシンボルとして愛されました。それが日本に伝わり、吉祥文様《きっしょうもんよう》(縁起がよいとされるものを描いた文様)として好まれました。

図案≫p75

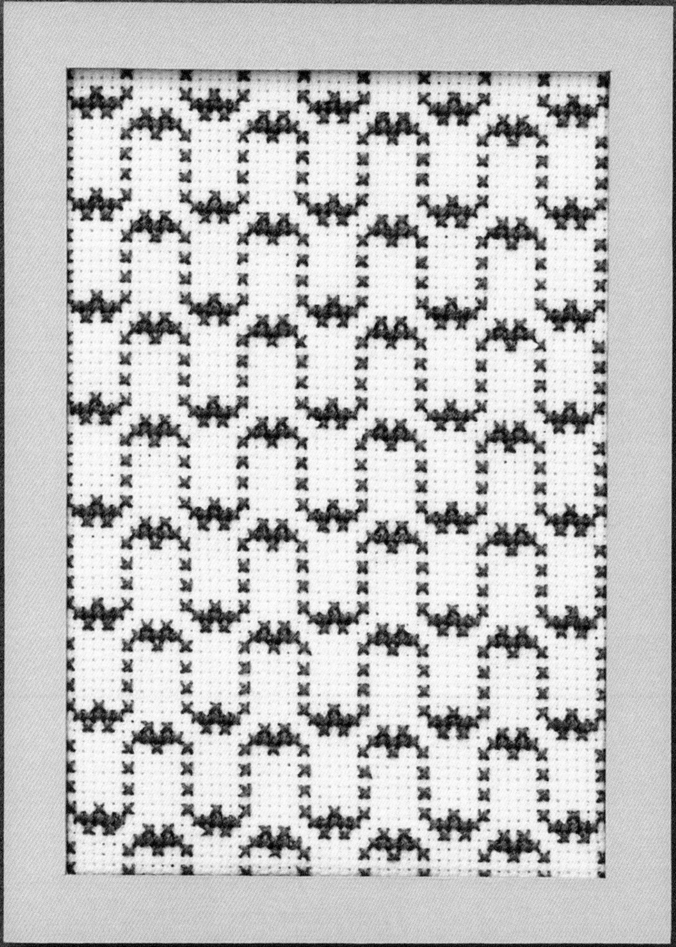

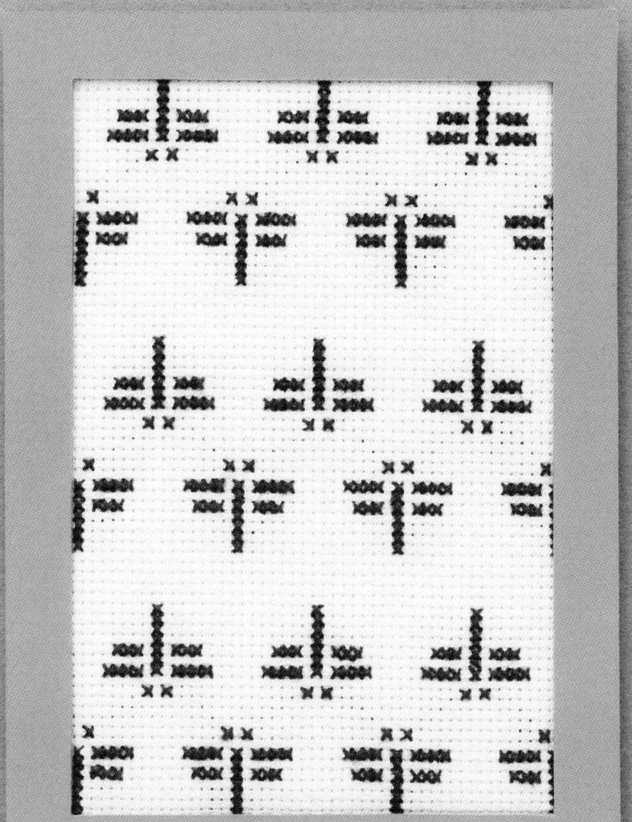

蜻蛉 tonbo

ほかの昆虫を食べる肉食の蜻蛉は「勝虫」として武具や武士の衣服に使われたモチーフ。俊敏な動きと後退することなく一直線に前進する様が勇ましいとして、武士に非常に好まれました。文様化された虫は少なく、蜻蛉は珍しい例といえるでしょう。

図案≫p75

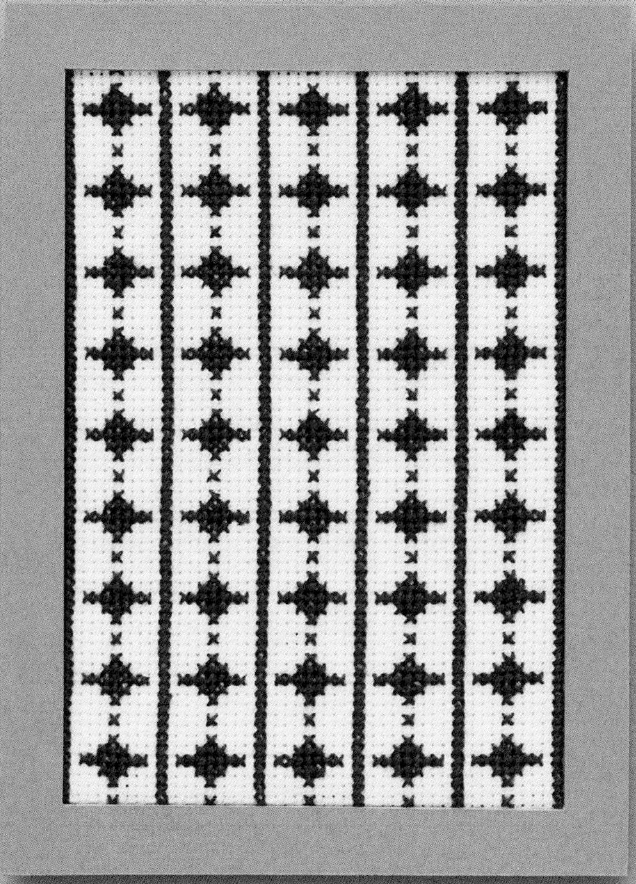

算盤縞　soroban-jima

小さな菱形は算盤の玉。その間には算盤の軸棒を思わせる縞があります。縞と合わせたもののほか、玉だけを規則正しく並べたものなどもあります。小粋な文様が江戸時代に庶民に愛され、浴衣や半纏《はんてん》、手拭いの柄などに使われました。

図案≫p75

刷毛ならべ hake-narabe

伝統文様には植物や生き物、幾何学模様が多い印象がありますが、こうした器物文様も愛されてきました。紙や障子を貼るときに使う刷毛を天地交互にし、すき間なく並べた文様です。

図案≫p76

鰻つなぎ unagi-tsunagi

遠くから見るとまるで市松のように見えるこの文様は、江戸時代中期に山東京伝が考案したとされ、1790年に出版された『小紋雅話』に見ることができます。江戸で鰻の蒲焼きが大衆にも食されるようになった時代背景が影響しているといえるでしょう。

図案≫p76

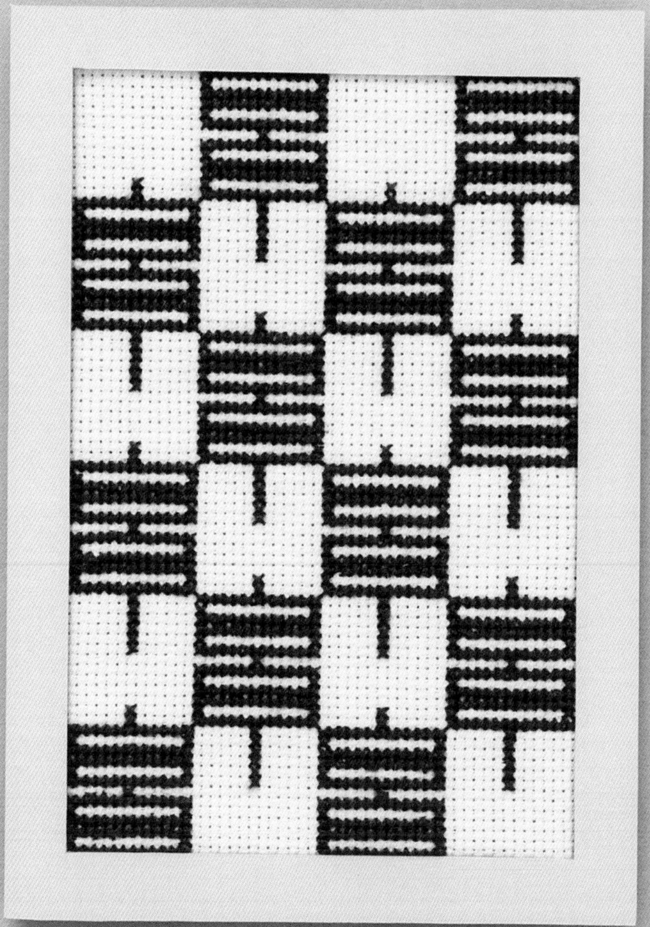

鷗石畳 kamome-ishidatami

鷗はチドリ目カモメ科の鳥。日本の古典によく見られる「都鳥」は鷗(ユリカモメ)をさしているといわれています。古くから愛された鳥を石畳(二色の正方形を互い違いに敷き詰めた文様)とともに配した文様です。

図案≫p76

向かい鶴菱 mukai-tsurubishi

翼を広げた鶴を菱形に図案化した文様。鶴は長寿･生命力の象徴とされ、吉祥文様《きっしょうもんよう》の一つ。有職文様《ゆうそくもんよう》である菱と吉祥文様の鶴を合わせることで、文様の格式が上がるとされます。ここでも二種類のデザインを紹介したように、さまざまな意匠で表現されています。

図案 左≫p80、右≫p77

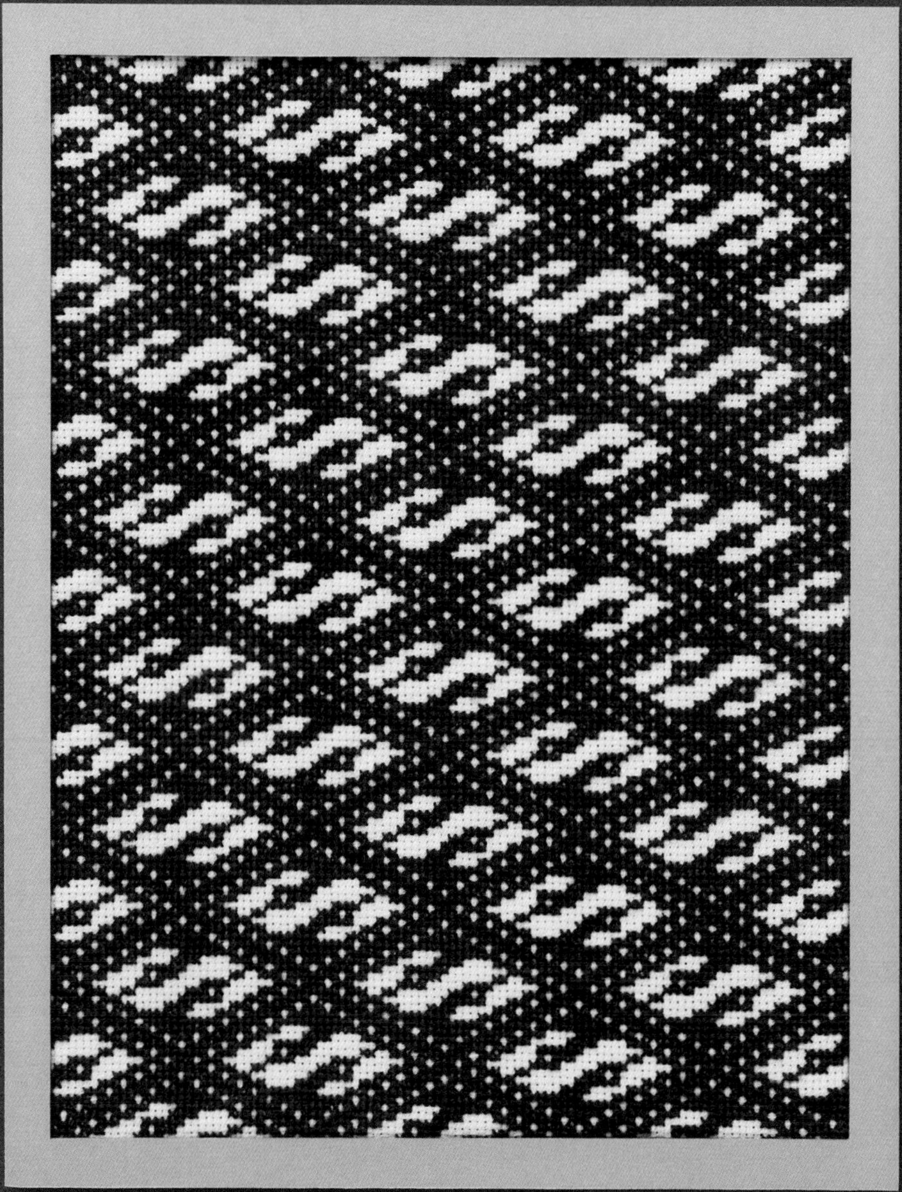

雲鶴 unkaku

流れる雲の間に飛翔する鶴を表現した文様。平安時代から宮中の装束の一つ「袍《ほう》」に広く用いられましたが、平安後期には親王や太閤の袍に用いられるようになったことから、文様の格調の高さがうかがえます。

図案≫p78

荒磯　araiso

荒波に躍る鯉の姿を表した文様。これは「黄河の急流はほかの魚は登れないが、鯉が登り切り龍になる」という中国の故事に由来し、出世を意味しました。明の時代の中国から織物「名物裂《めいぶつぎれ》」の一つとして、この文様が日本に伝わってきました。

図案≫p79

北斎『新形小紋帳』の文様

江戸時代・文政七年に出版された葛飾北斎の絵手本に描かれている小紋のデザインです。北斎が染小紋のために創作した文様が筆で描かれ、名称が書き添えられています。

北斎絵出典：『葛飾北斎先生原図　新形小紋帖』（ピョンピョン堂）大正14年

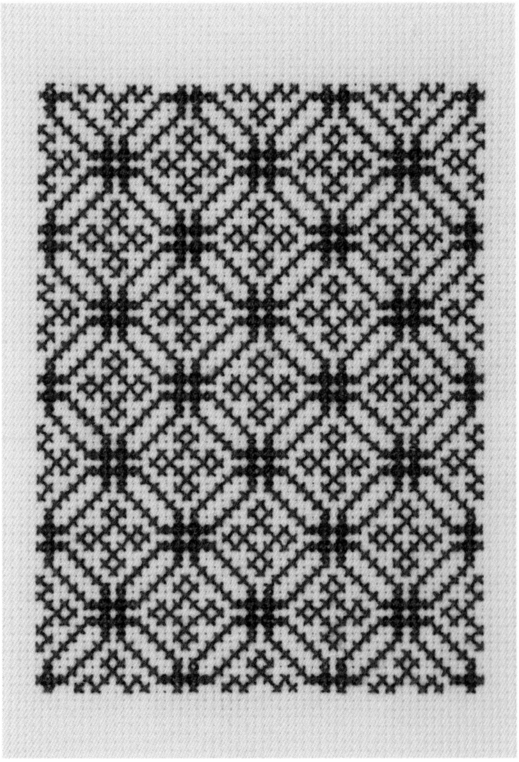

角の七宝　kaku no shippou

図案≫p80

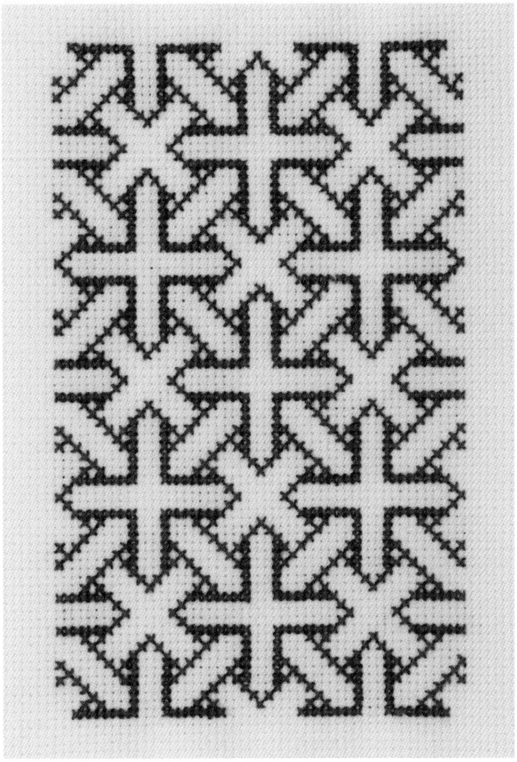

三重格子 mie-goushi

図案≫p81

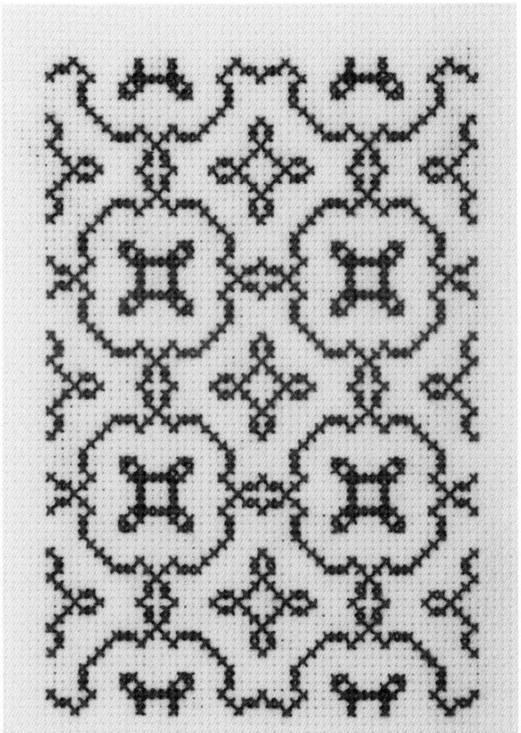

四つで yotsude

図案≫p81

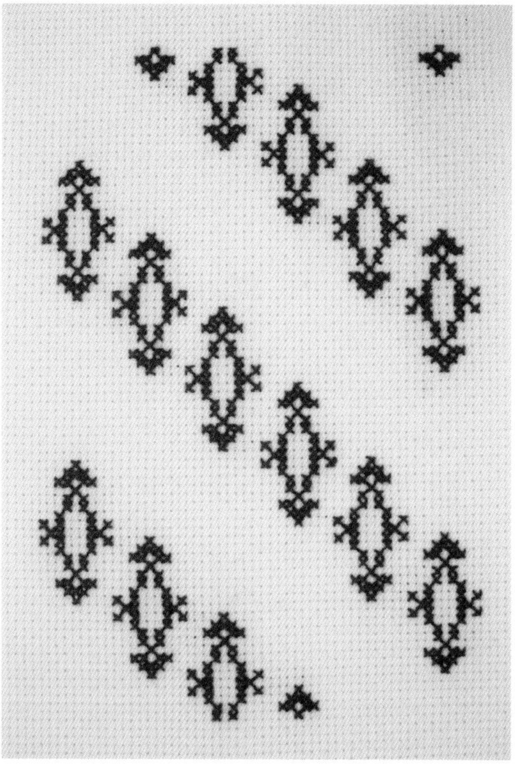

文の字つなぎ bunnoji-tsunagi

図案≫p81

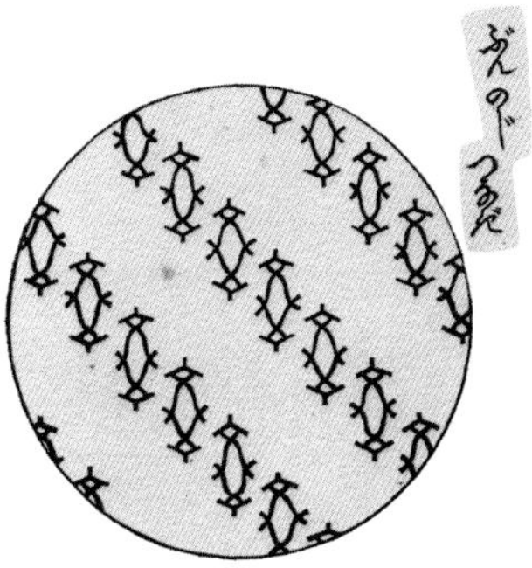

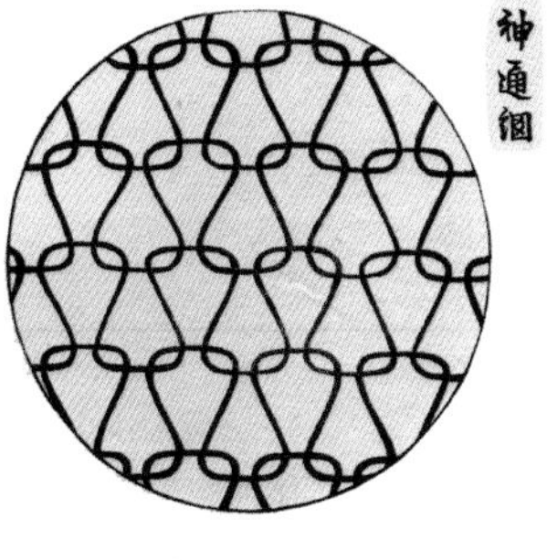

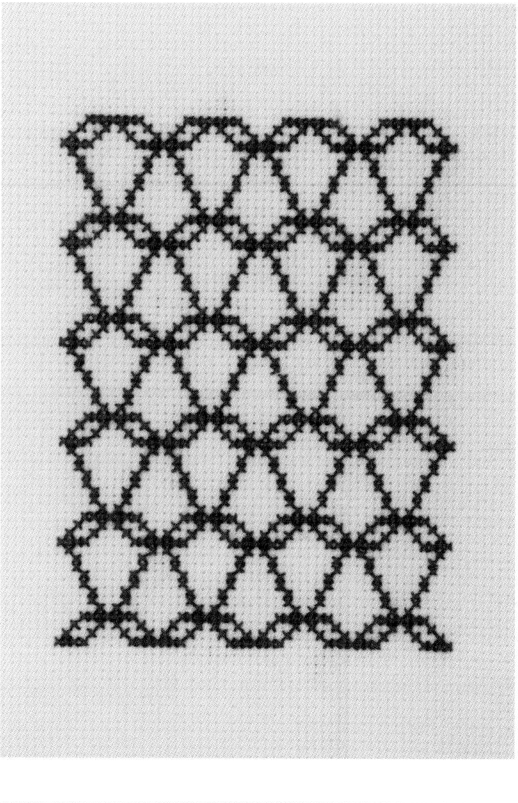

神通網 jintsuuami

図案≫p82

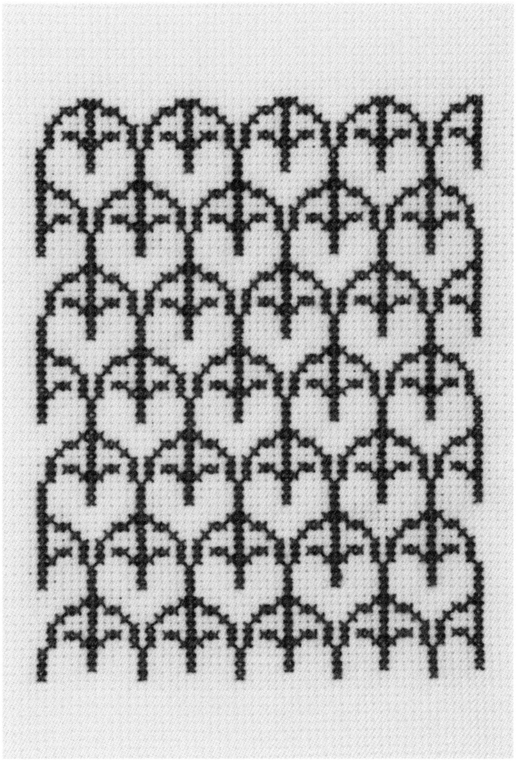

松波 matsunami

図案≫p82

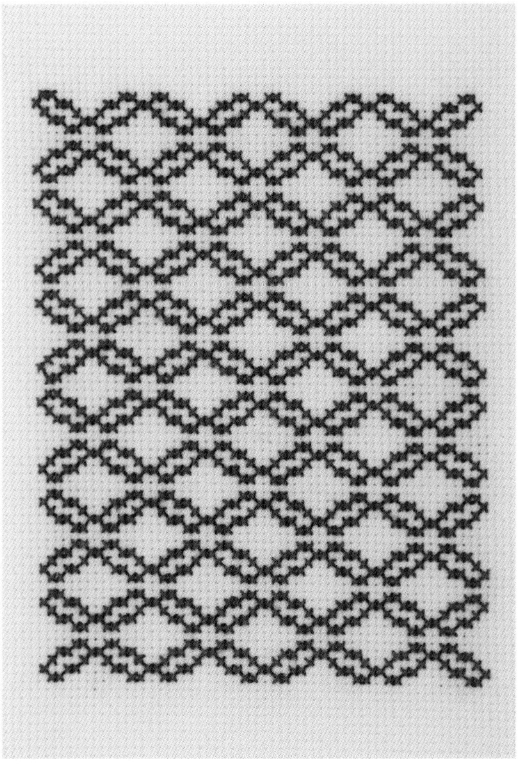

藤種形 hujitanegata

図案≫p82

瓦小口 kawarakoguchi

図案≫p83

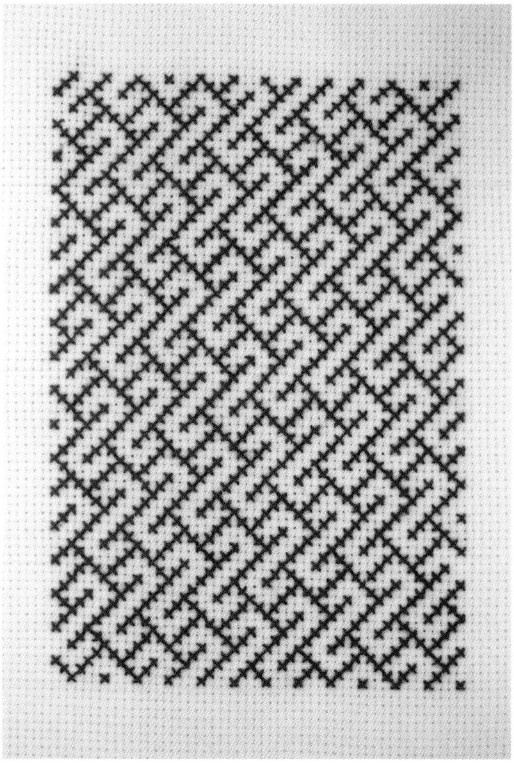

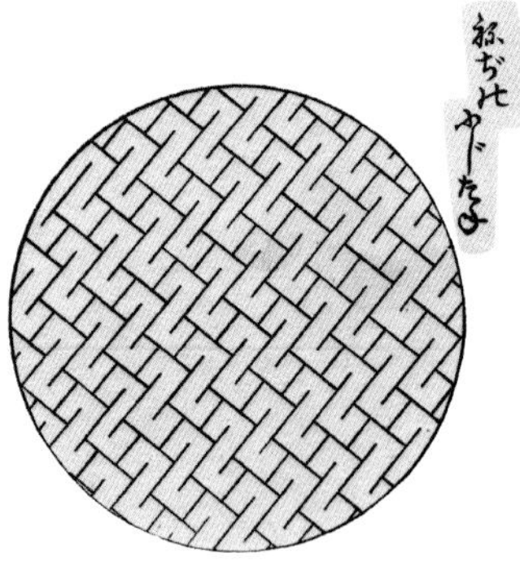

ねぢのふじたね neji no fujitane

図案≫p83

唐様のしょうじのくみかた
karayou no shouji no kumikata

図案≫p83

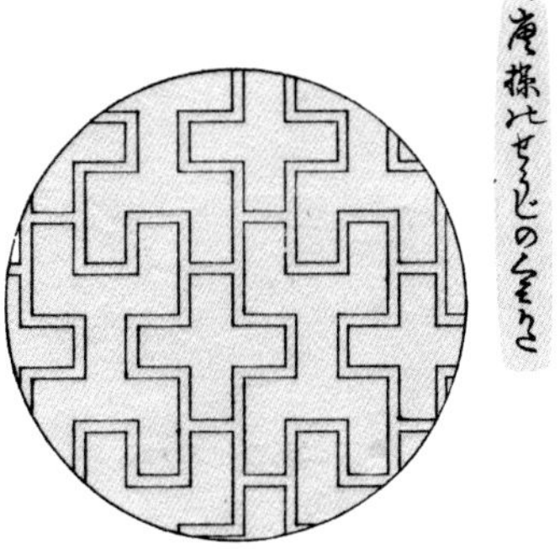

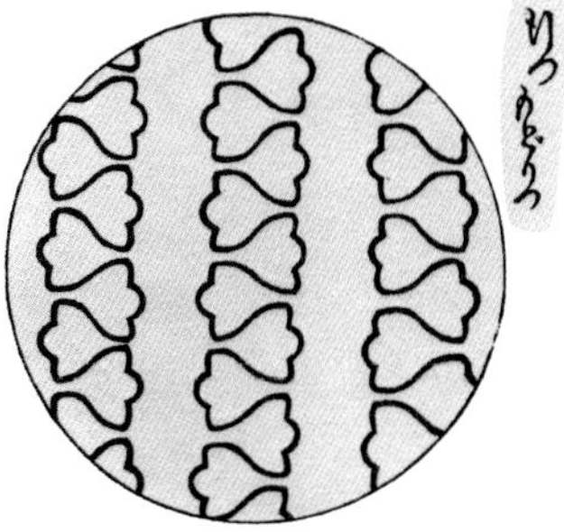

行つもどりつ　yukitsumodoritsu

図案≫p83

格子、花・植物、菱の文様

これらの文様は、ほかの文様と組み合わせて用いられることも多く
バリエーションがとても豊富で、デザインも魅力的です。
ここでは、そのほんの一部を紹介しましょう。

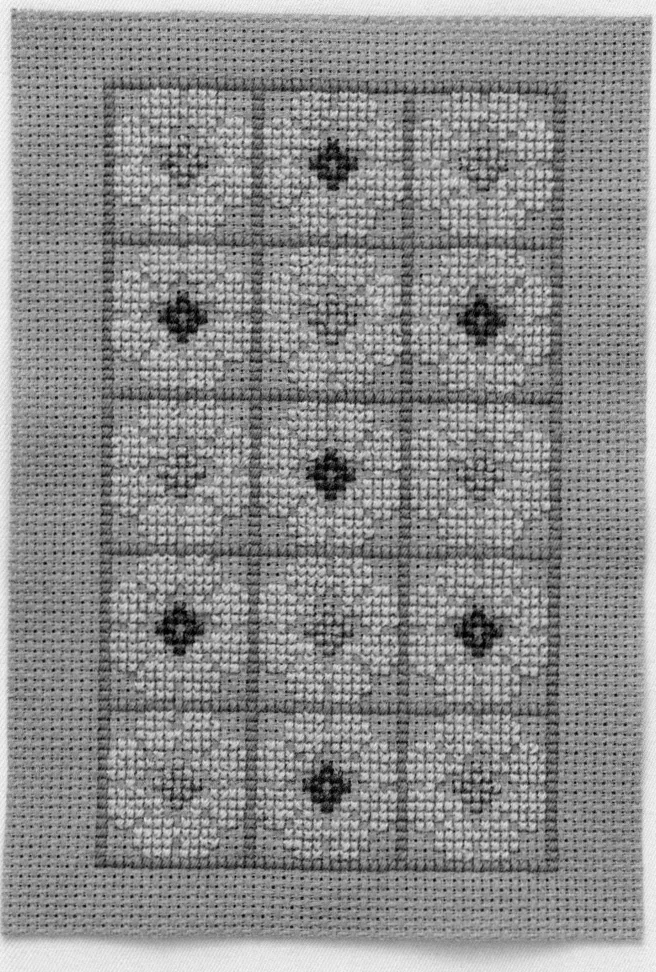

梅格子　ume-goushi

図案≫p84

格子

格子とは、窓や戸につける建具のこと。細い角材を縦横に組み合わせて作ります。これに由来して縦縞と横縞を組み合わせて、四角い枡目が連続する文様のことを格子といいます。縞を作る筋の本数や太さだけでも種類は多くありますが、さらには梅の花と合わせた梅格子、米の字と合わせた米格子などさまざまな文様が作られました。色の組み合わせで見え方も大きく変わります。

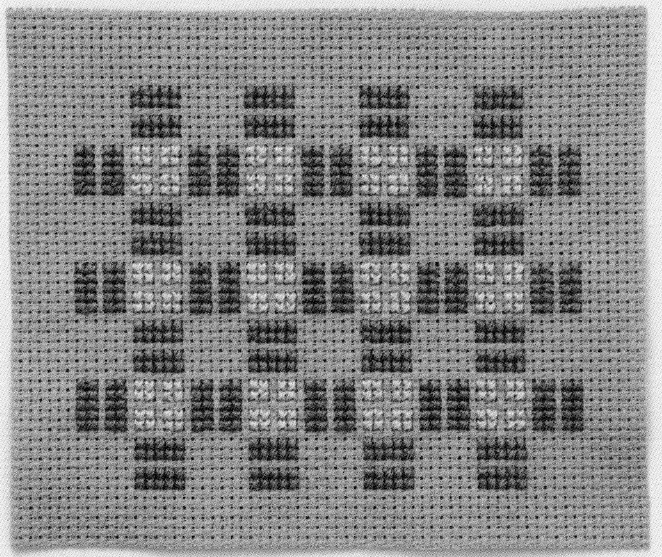

二本格子

nihon-goushi

図案≫p84

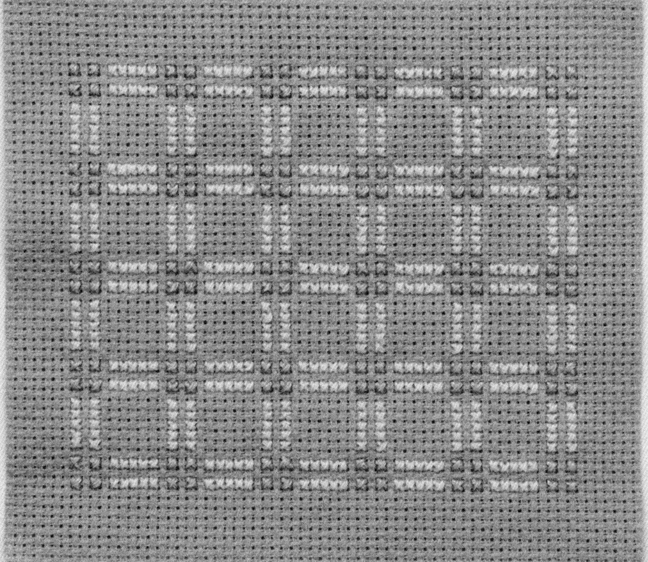

二重格子

nijuu-goushi

図案≫p84

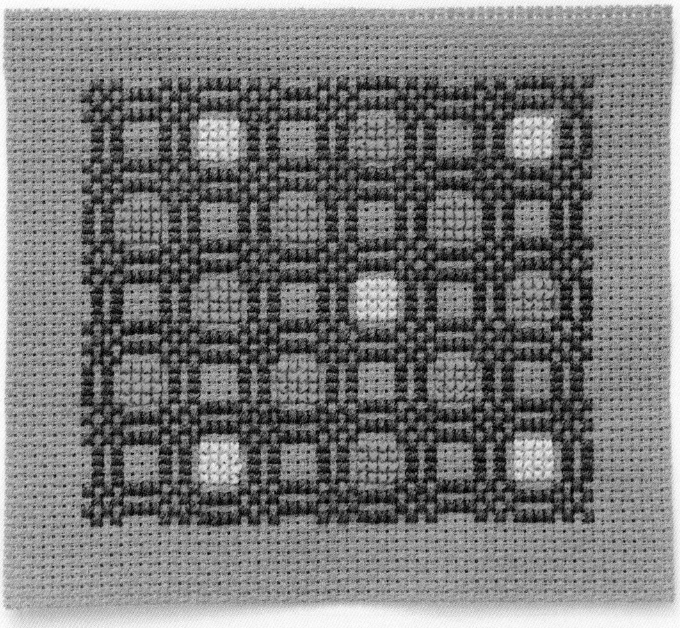

変わり格子

kawari-goushi

図案≫p85

網代格子

ajiro-goushi

図案≫p85

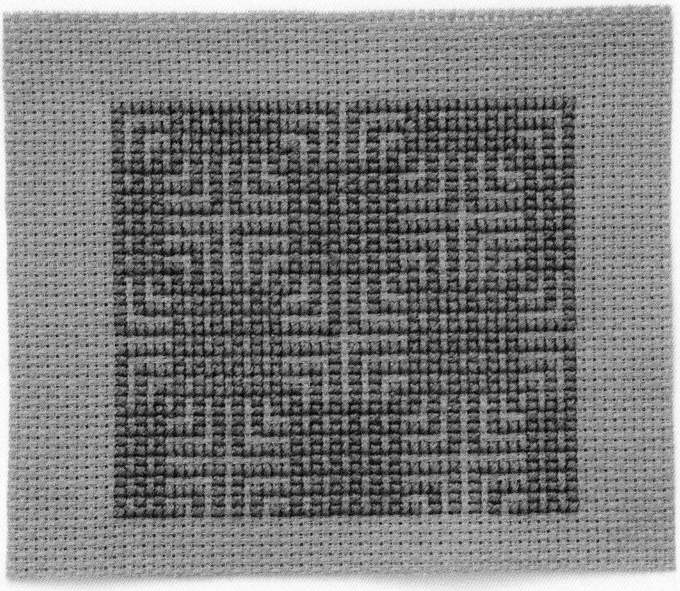

変わり格子

kawari-goushi

図案≫p85

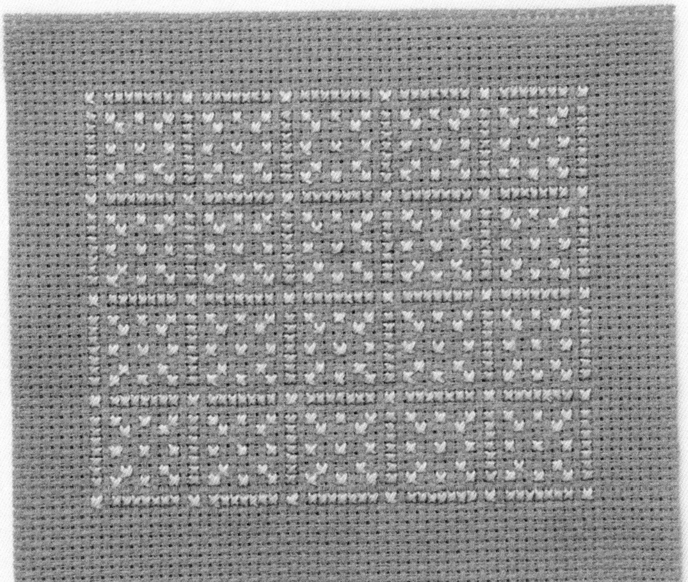

米格子

kome-goushi

図案≫p86

花

日本で愛でられることの多い桜をモチーフにした四つ桜をはじめ、花を取り入れた文様は古くから愛されてきました。春を想起させる霞と合わせたり、人気の文様である格子や石畳（市松）と合わせたり、さまざまな表現がなされています。赤やピンク、金や銀など、明るく華やかな色合いが似合う文様でもあります。

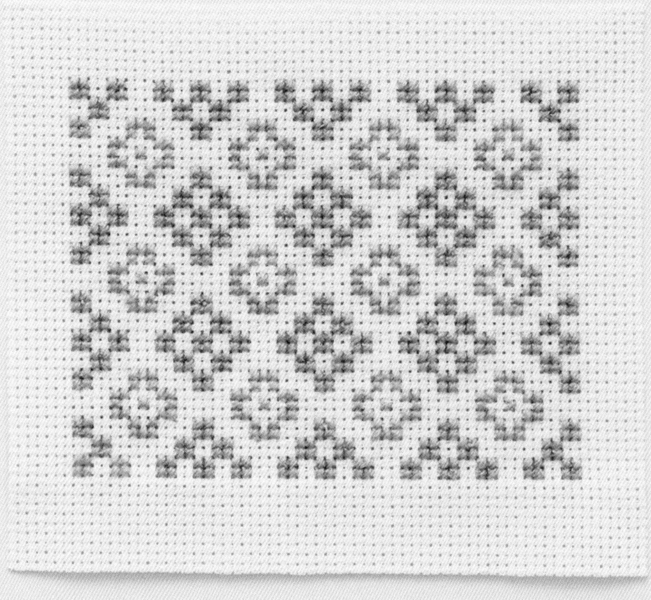

花と霞

hana to kasumi

図案≫p86

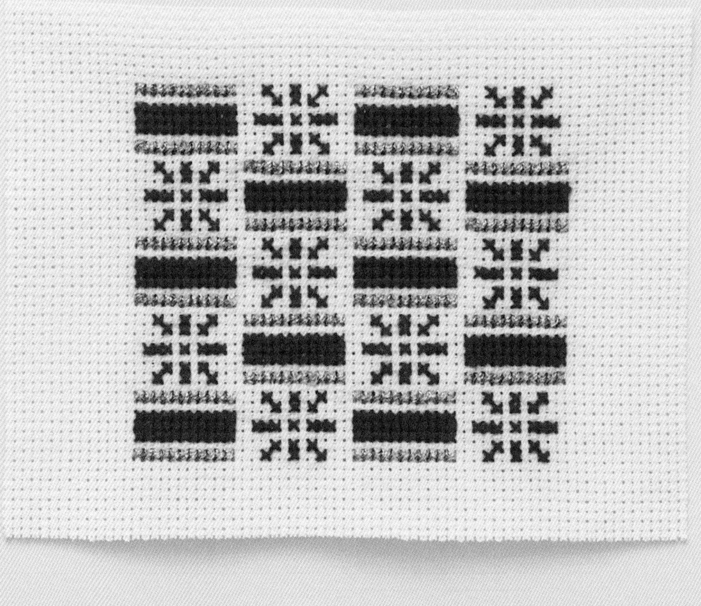

花入り石畳

hanairi-ishidatami

図案≫p86

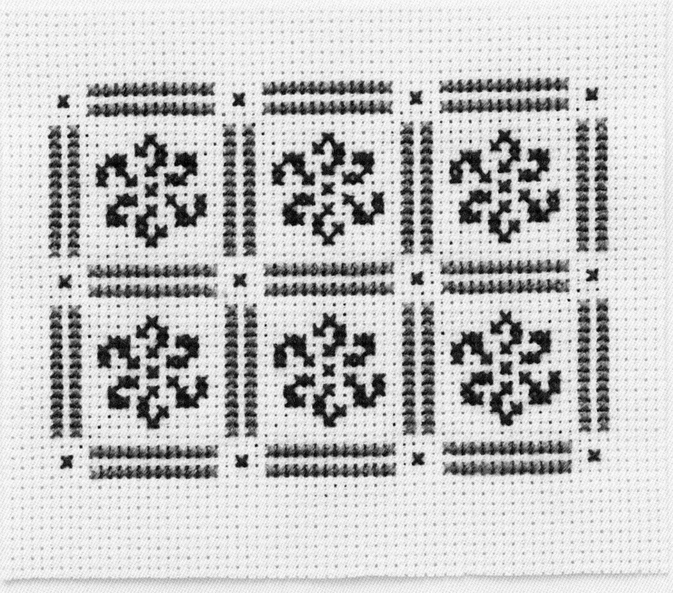

小花

kobana

図案≫p87

四つ桜

yotsuzakura

図案≫p87

植物

身近な植物は、古くから文様に取り入れられ親しまれてきました。胡麻のさやの切り口を模して等間隔に配した文様には、七曜文（中央の丸の周りに６つの丸を描き、７つの星を表す）と呼ばれる縁起柄が組み合わされています。途切れのある縞文様は、節のある細い茎が真っすぐに生える常緑のシダ類木賊《とくさ》を模したもの。剛毅な気質のシンボルとされる柏や、縁起ものとされる四つ葉などもあります。

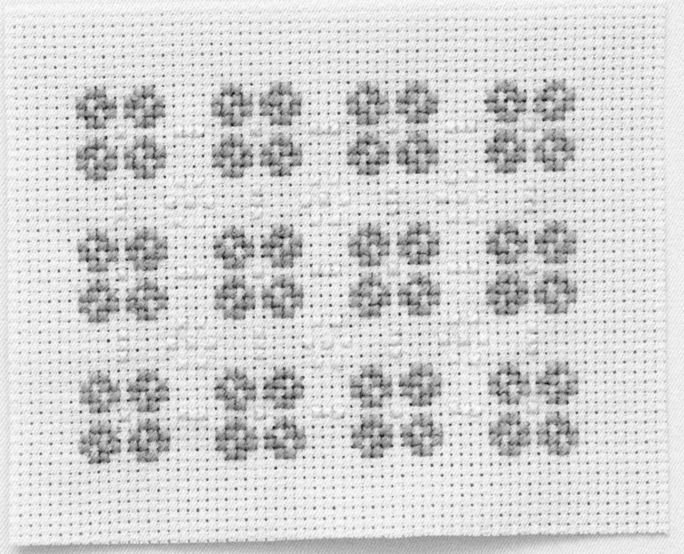

胡麻
goma

図案≫p87

柏の格子
kashiwa no koushi

図案≫p88

変わり四つ葉
kawari-yotsuba

図案≫p88

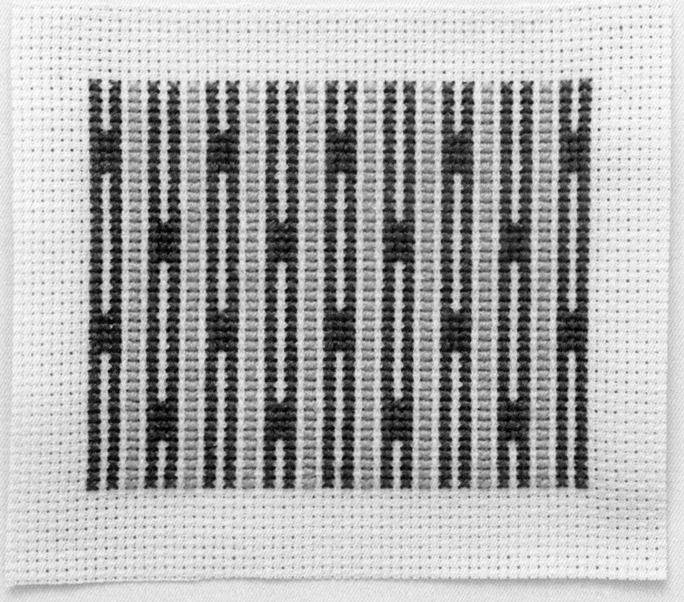

木賊縞
tokusa-jima

図案≫p88

菱

菱は一説には水草のヒシを図案化したものともいわれており、古くから使われてきた文様です。有職文様《ゆうそくもんよう》として格調高いものとされますが、一方でその単純ながら美しい形は広く愛されました。剣を四つ並べて菱形にした剣菱は、着物(江戸小紋)の柄として使われています。中国由来の実際にはない唐花を菱形にかたどり、並べた唐花菱、在原業平が着ていたとされる着物の柄の業平菱などさまざまあります。

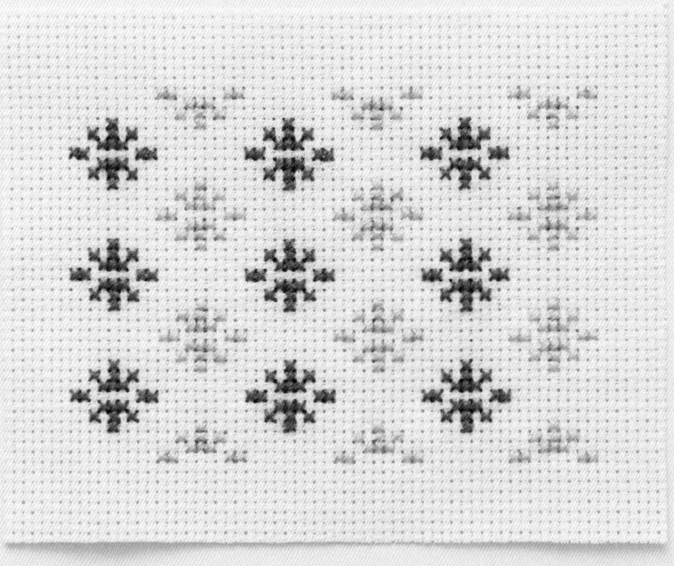

剣菱
kenbishi

図案≫p89

市松花菱
ichimatsu-hanabishi

図案≫p89

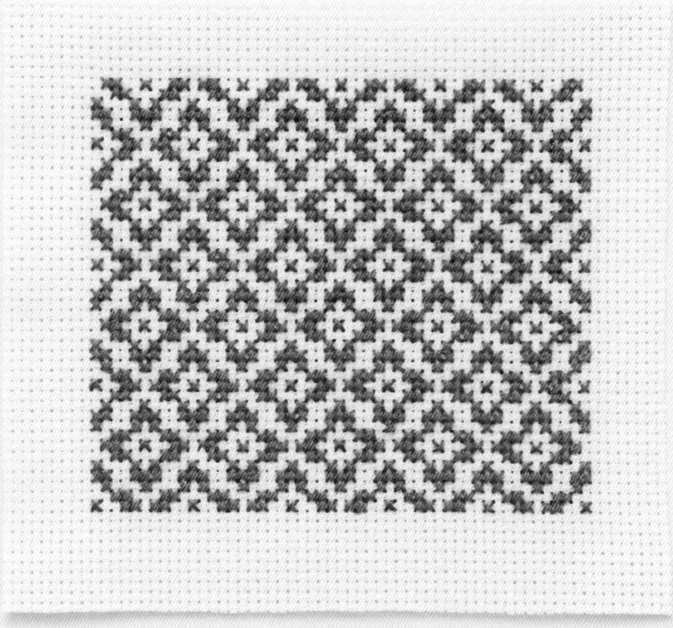

唐花菱
karahanabishi

図案≫p89

業平菱
narihirabishi

図案≫p90

文字に由来する文様

幾何学文様などと同様に、古くから文字も文様化されていましたが、江戸時代には洒落た文字文様が多数考案され、より親しまれるようになりました。「福」「寿」「久」「吉」など縁起のよい字が好まれました。

角吉 kakukichi(上)、角巴 kakutomoe(下)

図案≫p91

漢字を枡形に四角く文様化したものは「角字」と呼ばれ、連続して並ぶ美しい様が好まれました。その形は、クロスステッチにも向いているといえるでしょう。

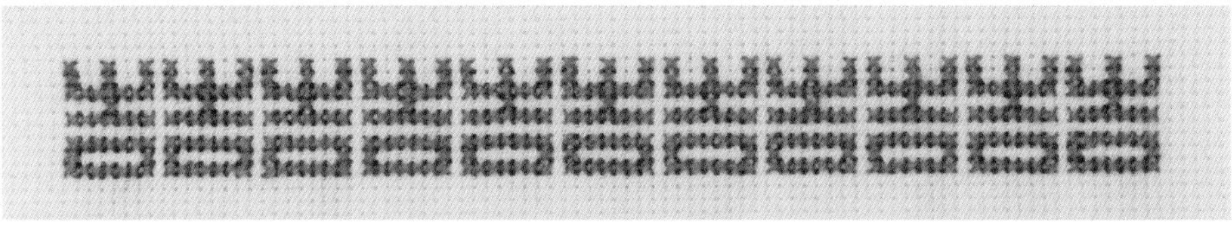

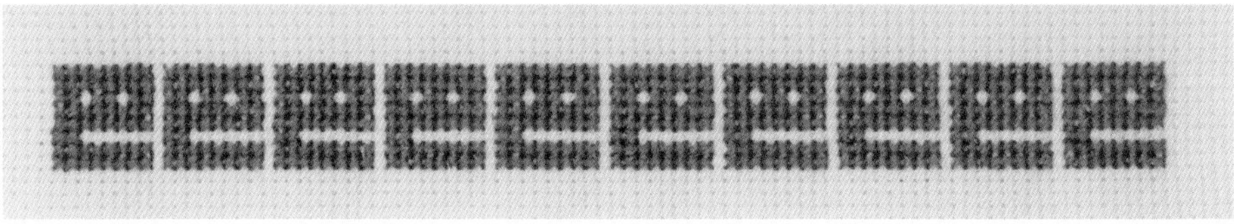

吉鱗 kichiuroko

図案≫p91

吉の字を文様化したもので、三角形が並ぶ様子が魚の鱗《うろこ》に似ていることから、このように呼ばれます。大工などの職人や商家の使用人などが着用する印半纏《しるしばんてん》に使われました。

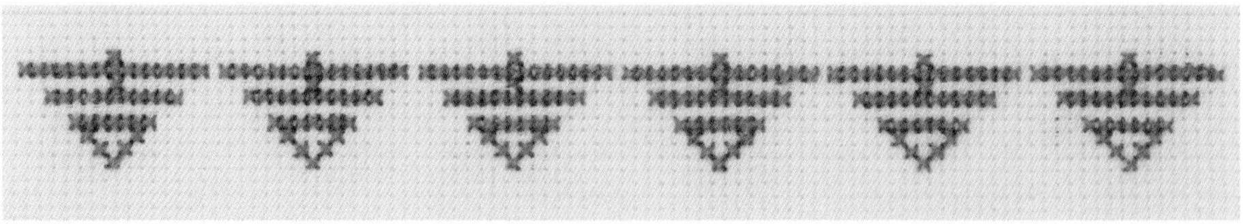

繋叶 tsunagi-kanau

図案≫p91

叶の字の横のラインを繋げたもの。漢字の一部を繋げて並べるというデザインもよく見られ、「繋ぎ〜〜」「続〜〜」と呼ばれていました。

福寿 fukuju(上)、菊桐 kikukiri(下)

図案≫p91

縁起のよい漢字二字を並べて繰り返す文様もあります。福の字は神が与えてくれる幸い、喜びの意があり、福寿は吉祥文様《きっしょうもんよう》とされました。菊と桐は古くから高貴な文様とされていました。

富 tomi

図案≫p91

豊かさを表す富の字を、釣鐘のような形にして天地交互に並べた文様です。クロスステッチにするときは、曲線がなめらかに見えるように刺繍します。

八 hachi

図案≫p91

漢字の八は末広がりで縁起がよいといわれ、古代日本では「聖数」とされました。八の字を、装飾的に文様化したもので、「角字」に近いデザインといえるでしょう。

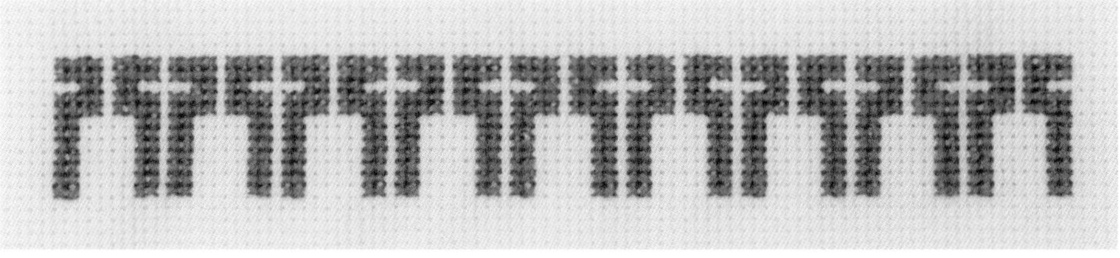

和の文様を小物に刺繡

表紙の角になる部分に「胡麻」の文様を斜めに配して。

ブックカバー

≫胡麻（p46）　作り方p92

「変わり格子」を
一面に刺繍。
小さな格子が
可愛らしい印象に。

≫変わり格子(p42)　作り方p93

色遊びを楽しみながら
二種類の文様を組み合わせて。

上≫市松(p9)、蜻蛉(p25)
下≫七宝つなぎ(p19)、市松花菱(p48)
作り方p92

「千鳥」と「青海波」を
上下に施し、
まるで一つの風景のように。

巾着

≫群千鳥（p22）、青海波（p9）　作り方p94

「四つ桜」を四辺に並べて
色違いで愉しみましょう。

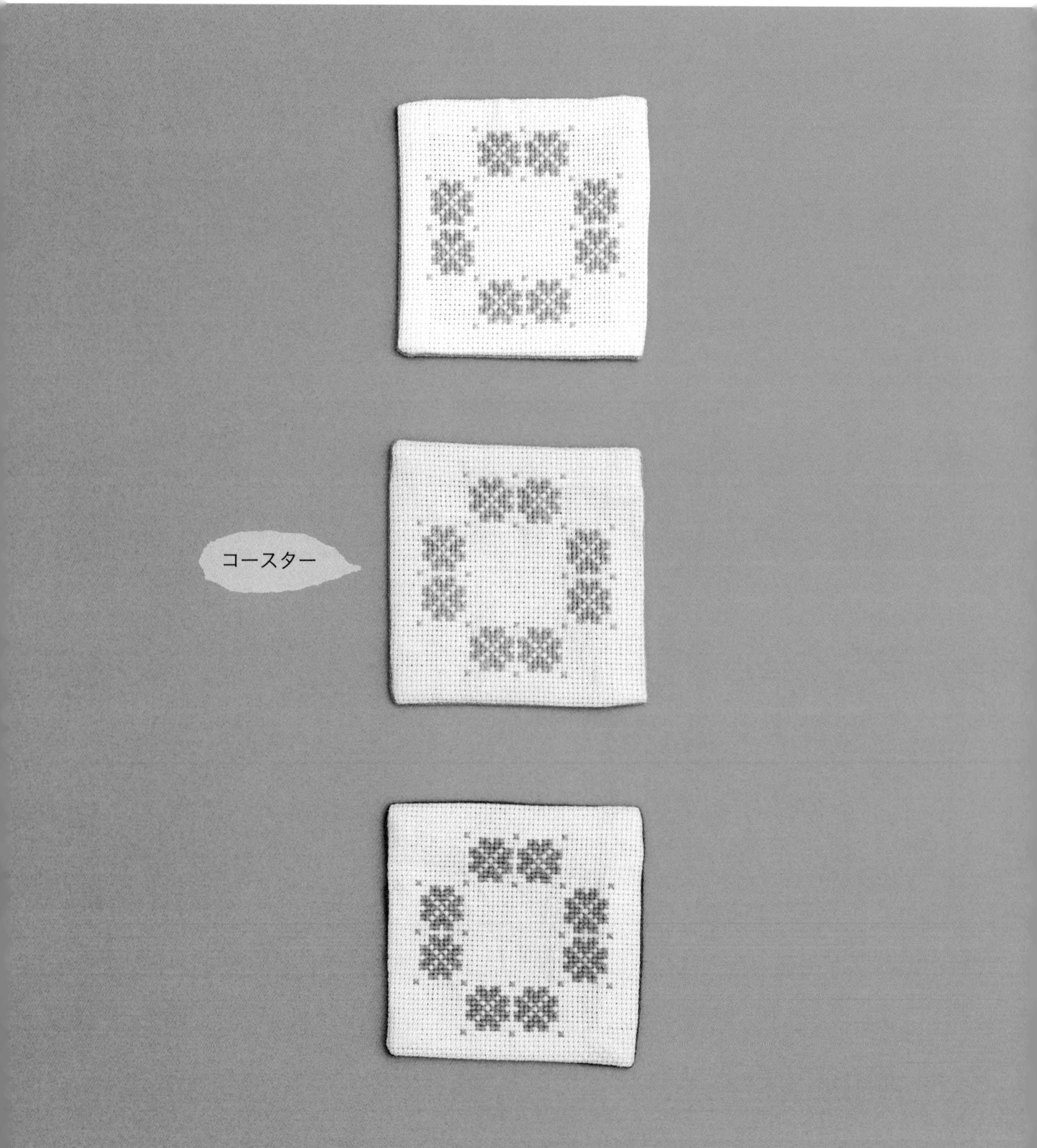

≫四つ桜（p45）　作り方p95

飾りフレーム

ひと針ひと針がつながり
圧巻の「花七宝」に。

≫花七宝（図案p90）

好みの文様を格子状に配して、
パッチワークのような作品に。

テーブルセンター

作り方p95

配色について

同じ図案でも、配色を変えるとまったく違う文様に見えます。
下に紹介するのは「紋入り格子」という格子の中に十字が入った
文様ですが、配色を変えることで、まるで違う文様のように見えます。
幾何学文様はとくにバリエーションが楽しめるので、
ぜひお試しください。

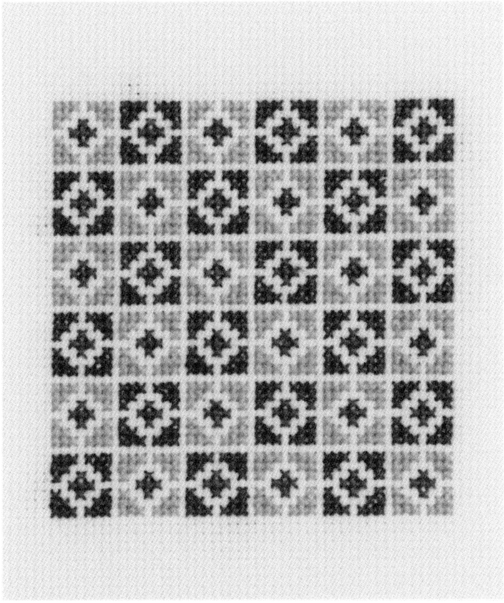

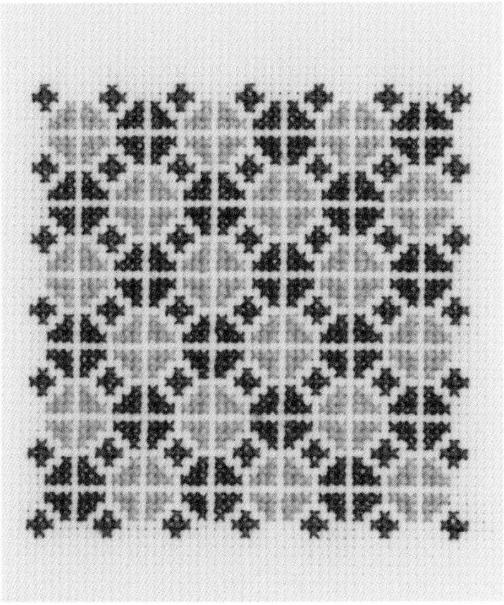

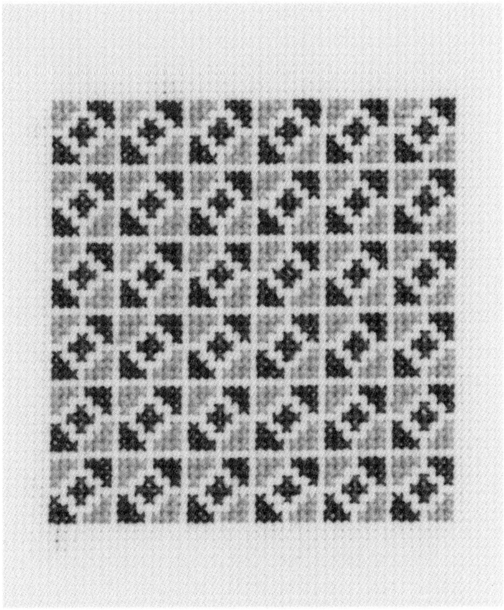

クロスステッチの基本

和の文様をクロスステッチで楽しむための基本レッスンです。
基本を押さえてから、自分が作業しやすいようにアレンジしていきましょう。

道具と材料

a 刺繍糸

撚ってある糸の本数などさまざまな種類があります。本書ではDMC25番刺繍糸を使用しました。6本の細い糸が撚ってあるもので、これを1本ずつにばらしてから、2本で使ったり、3本で使ったりします。本書では、2本どりで使用しています(p52ブックカバーを除く)。布のカウントや刺繍したいデザインによって変えるとよいでしょう。

b 針

クロスステッチ専用の針。針先が丸く、布の織り糸の間に針先が入りにくくなっています。号数により太さが異なり(写真は24)、数字が大きいほど針が細く、糸を通す穴が小さくなります。使用する刺繍糸の本数や布のカウント数などに合わせ、針穴が目立たない号数を選びましょう。本書では、2本どりで、DMCクロスステッチ針24号を使用。

c 刺繍枠

枠に布を挟むことで布を張り、針が刺しやすくなります。サイズがさまざまあるので、作るものにあわせて使いやすいサイズを準備しましょう。

d はさみ

糸の始末をするために、刃先の細いものがあると便利。

e 布

クロスステッチは布に図案をうつしたりせず、布の目数を数えながら刺繍します。そのため使用する布は、クロスステッチ用に織られた専用のものを準備しましょう。本書では16カウントアイーダを使用しています。

※カウントについてはp63参照

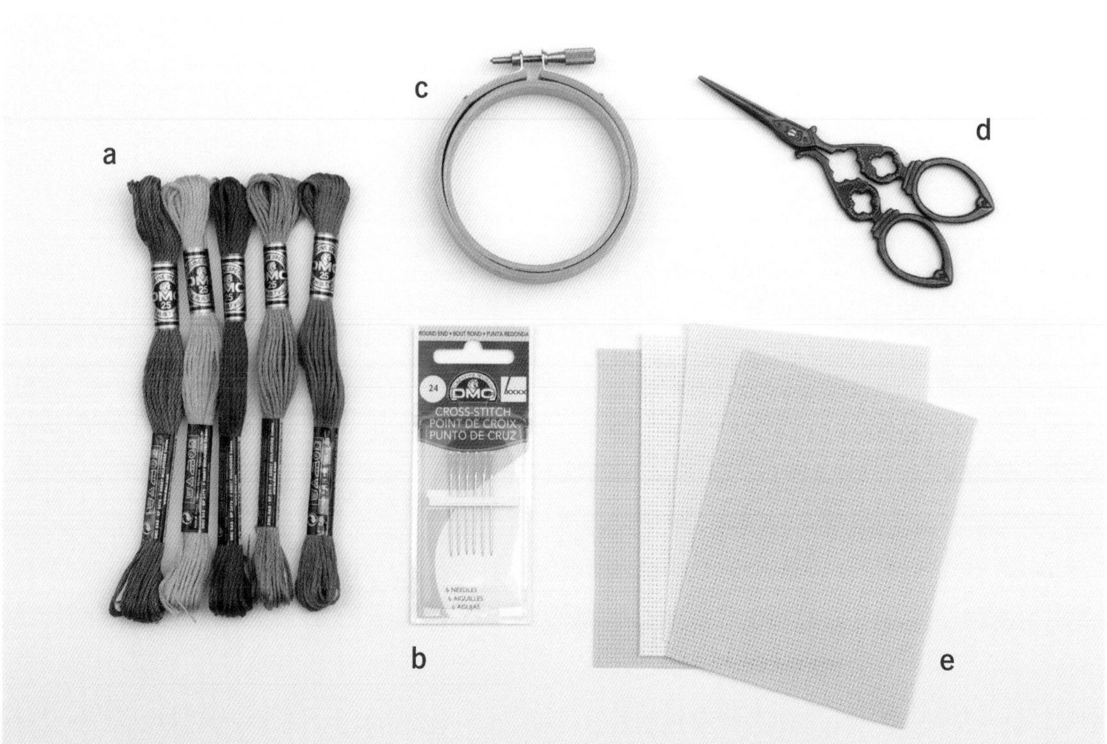

刺繍糸の扱い方

糸の準備

1 刺繍糸のカセの端どちらかに糸端が出ています。ラベルをつけたままゆっくりと糸端を引き、50cm程度でカットします。

※ラベルをつけたまま少しずつ引き出して使用しても、ラベルをはずし、最初に糸を適当な長さに切って保管してもよいでしょう。その場合、色番号が分からなくならないように注意を。

2 撚ってある６本の糸をほぐし、１本ずつ必要な本数を引き抜いて使用します。１本ずつ抜き取り重ねて使うことで、ふっくらとした仕上がりになります。

1

2

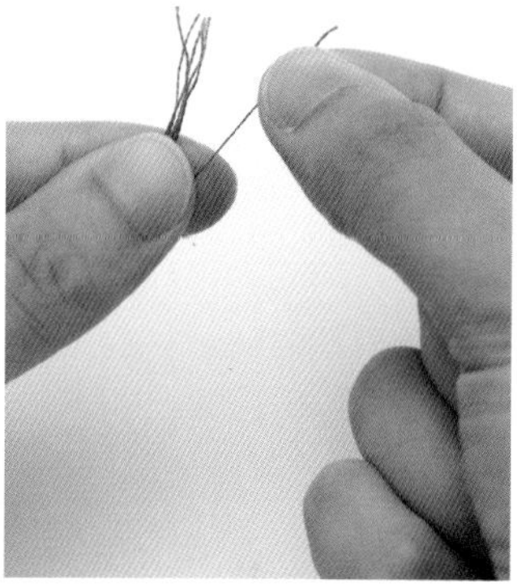

針穴に通す

1 針の頭を糸に引っかけて糸を折り返し、少し押さえ気味に針を抜くと、糸に折り目がつきます。

2 折り目をそのまま針穴に通すとスムーズです。

1

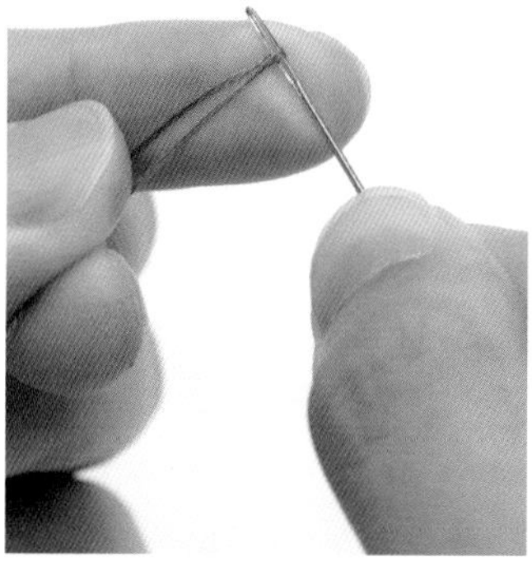

2

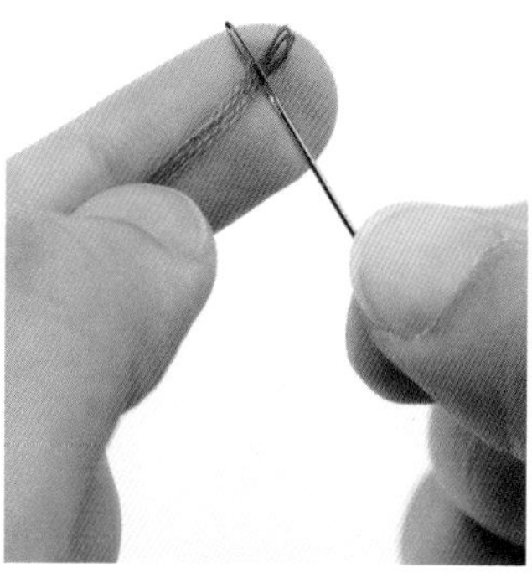

使用する糸の本数による違い

本書では、25番刺繍糸2本どりで刺繍していますが、使用する糸の本数によって、仕上がりの印象が大きくかわります。また、本数は同じでも、布のカウントが違うと見え方も変わります。刺繍したい図案にあわせて、好みの組み合わせを見つけましょう。

1本どり

2本どり

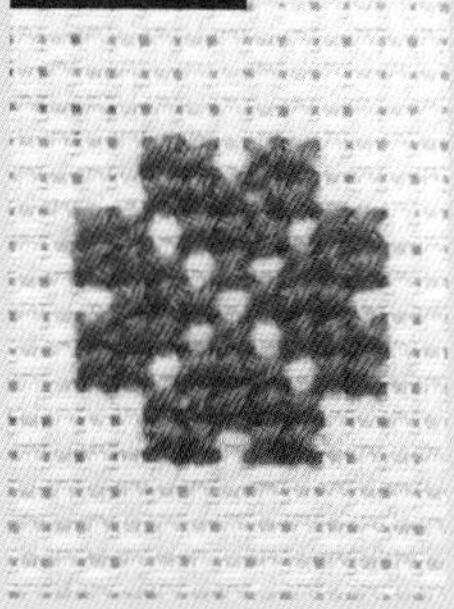

4本どり

クロスステッチの刺し方

横に進む場合

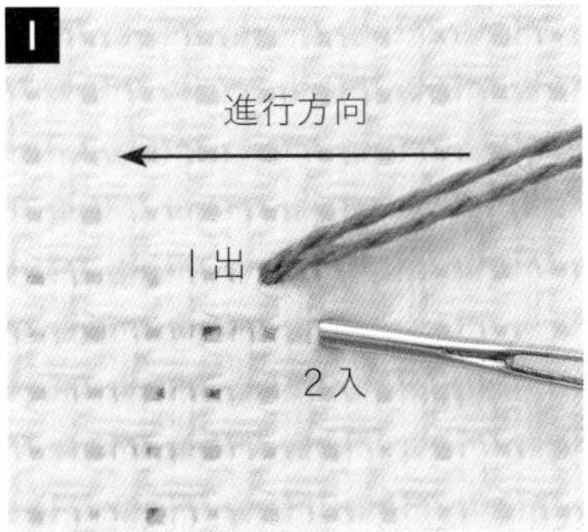

×を一つずつ刺繍して進みます。1[出]→2[入]の順で1針進めます。

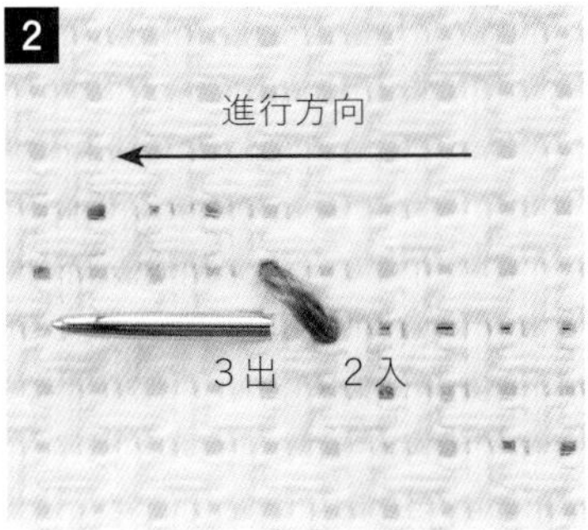

3[出]から針を出します。

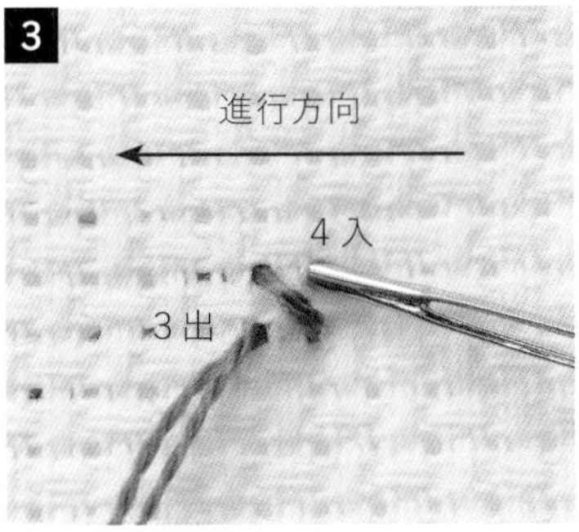

4[入]に針を入れて／を重ねます。

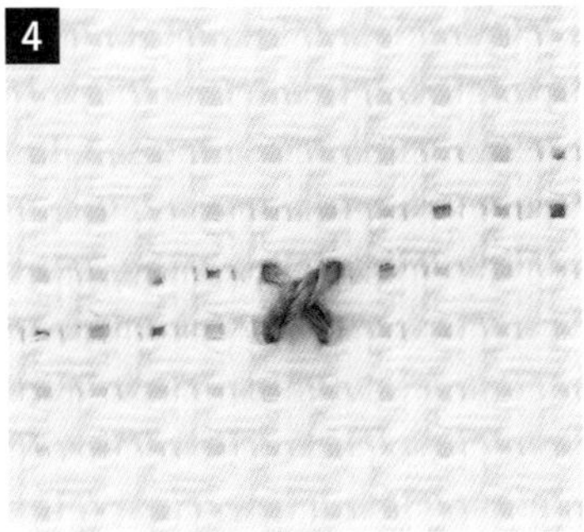

クロスステッチ1目が完成です。

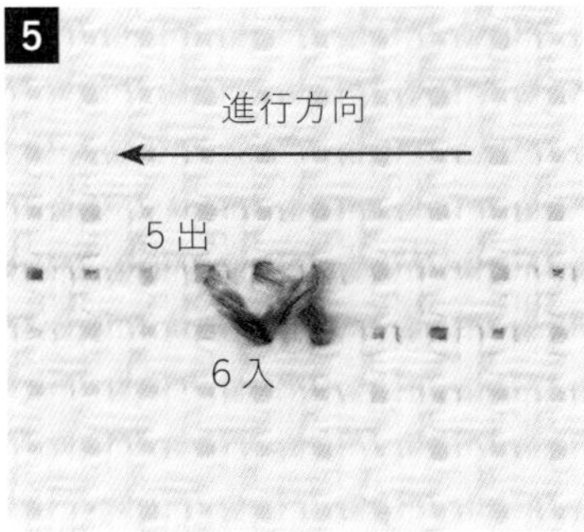

5[出]→6[入]の順で1針進めます。

※6は3と同じ穴

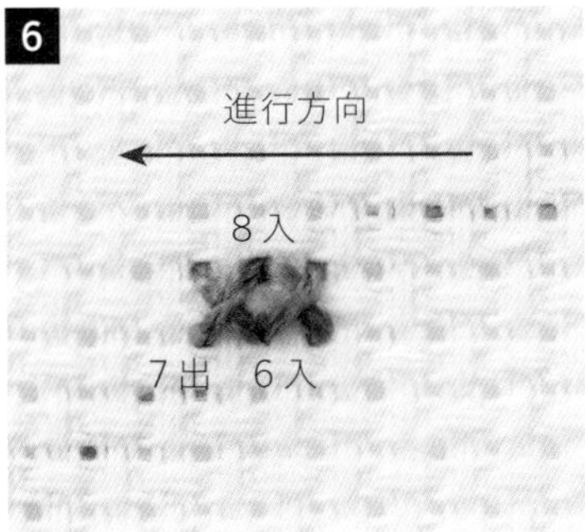

7[出]→8[入]の順で1針進めます。×を一つずつ刺繍して横に進みます。

※8は1と同じ穴

縦に進む場合

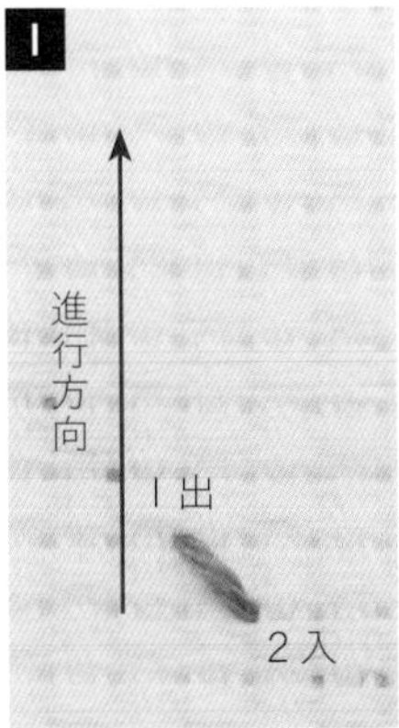

×を一つずつ刺繍して進みます。1[出]→2[入]の順で1針進めます。

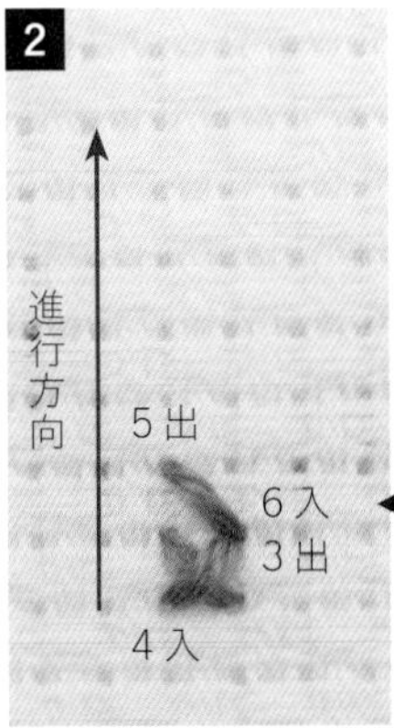

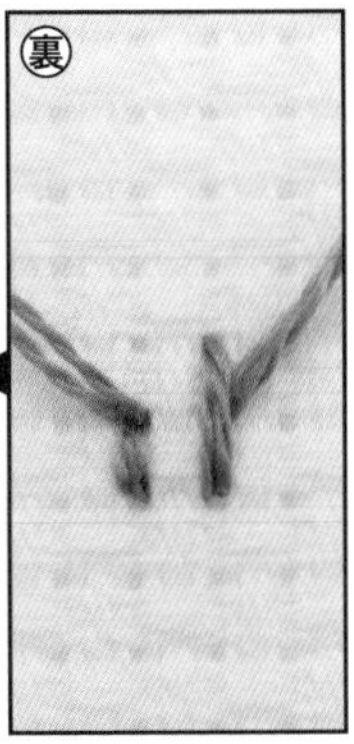

3[出]→4[入]と針を動かし、／を重ねます。上に進み、5[出]→6[入]と進みます。

※6は3と同じ穴

※糸の動きが分かりやすいように、はじまりの糸始末をしていません

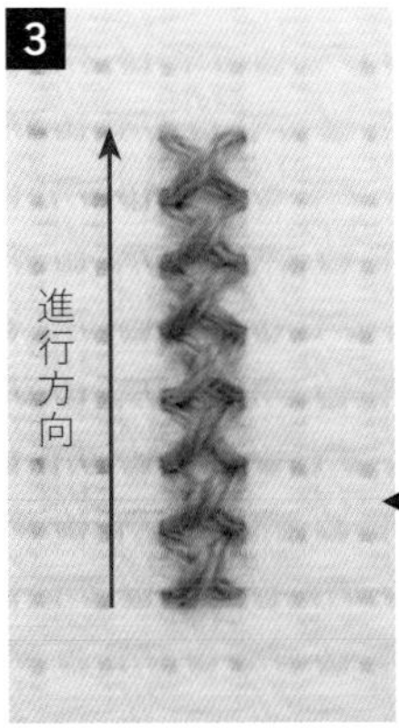

×を一つずつ刺繍し、上に進みます。

※糸の動きが分かりやすいように、はじまりと終わりの糸始末をしていません

クロスの重なり方

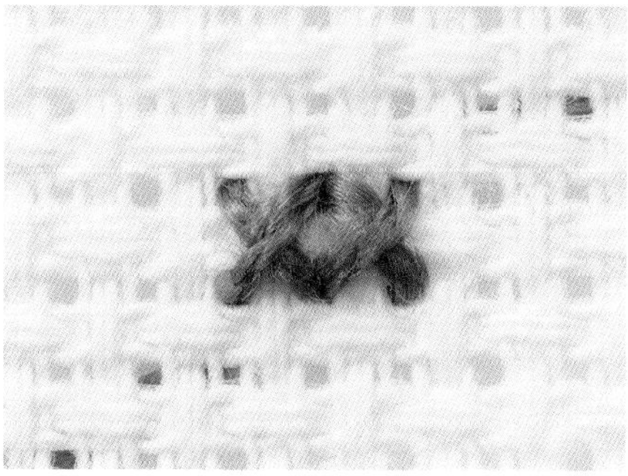

クロスステッチは、作品全体を通して糸の重なり方が一定方向であるように仕上げます。本書では、／が上になるように刺繍していますが、逆に＼が上でも構いません。必ず、統一して刺繍しましょう。

糸始末の仕方

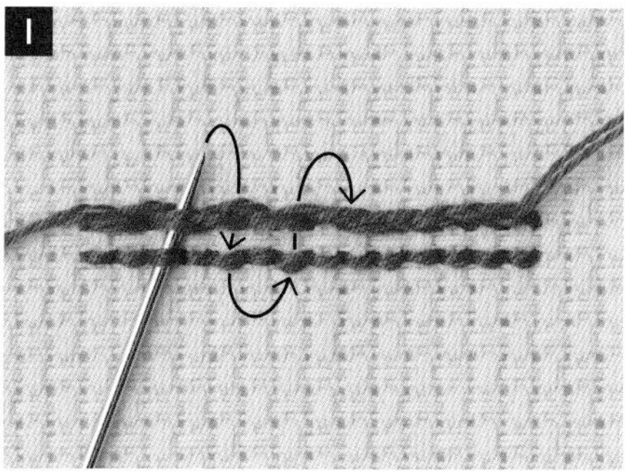

1

刺し始めも刺し終わりも、糸端を5cm程度残します。玉結びはせずに、裏にわたっている糸に数回通します。針先が布をひろわないように注意しましょう。

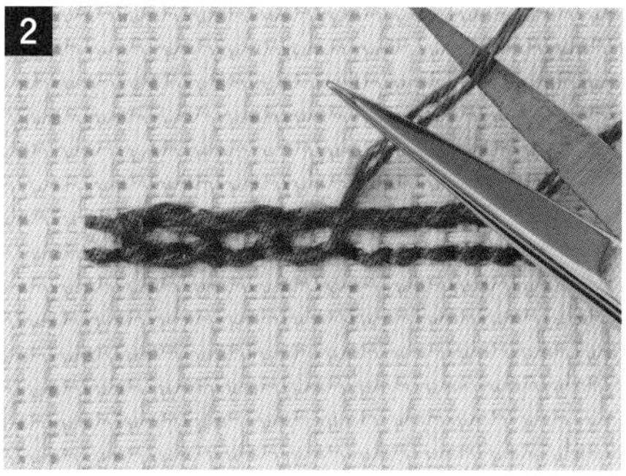

2

余分を切ります。

布のカウントによる違い

クロスステッチの布目の大きさには、「カウント(ct)」と呼ばれる表示が使われます。1インチ(約2.5cm)あたりにマス目がいくつあるかを示しており、この数が大きいほど、目が細かいということになります。同じ図案を14カウント(10cmあたり約55目)と16カウント(10cmあたり約60目)の布に刺繍すると、16カウントの布に刺繍したほうが小さく仕上がります。

14カウント

16カウント

掲載文様の図案

＊本書ではDMCの25番刺繡糸と16カウントのアイーダを使用しています。

＊色番号は掲載作品に使用したものです。掲載の色番号に限らず、好みの色をお使いください。

＊各図案に、1模様あたりの目印を入れています。
その図案の最小のパターンで、その繰り返しによって成り立っています。図案はその文様を作りやすい最少のパターンと繰り返しの例を示しており、端の切れ方は、必ずしも掲載写真と一致しません。

矢羽根

≫p7

25番刺繍糸／552
2本どり

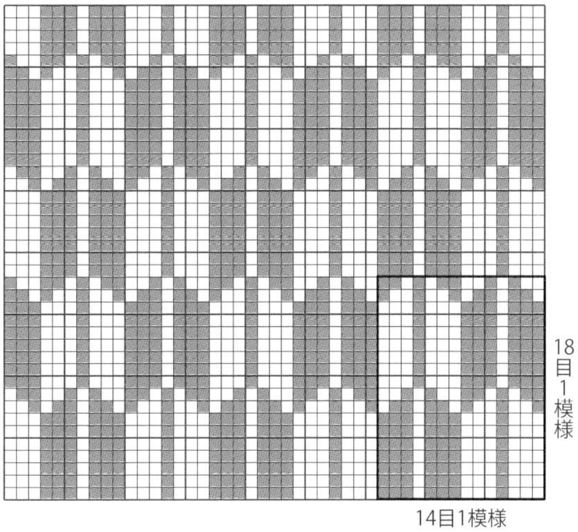

算崩し

≫p7

25番刺繍糸／891
2本どり

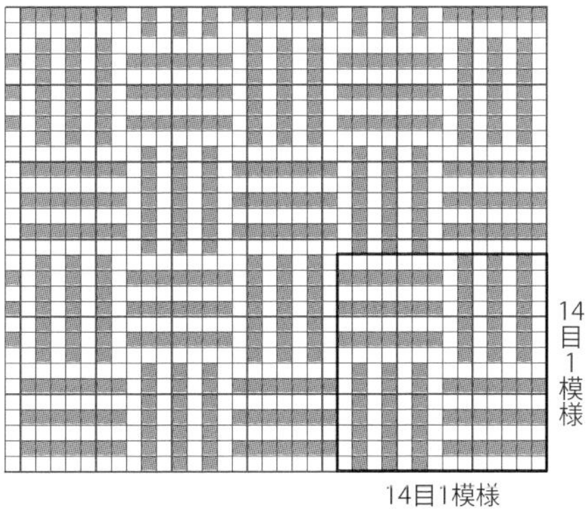

鱗

≫p9

25番刺繍糸／311
2本どり

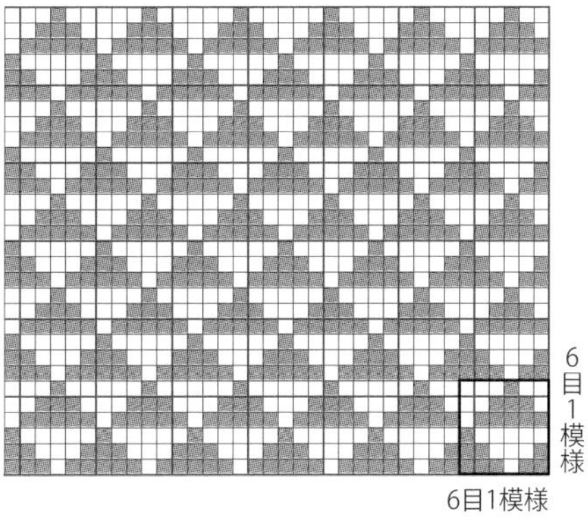

市松

≫p9

25番刺繍糸／311
2本どり

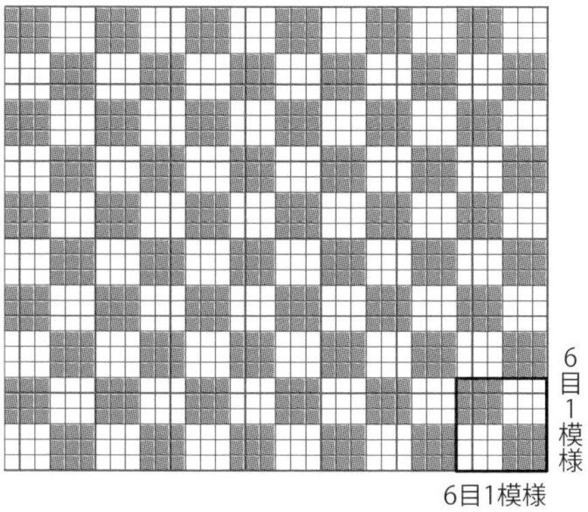

青海波

≫p9

25番刺繍糸／311
2本どり

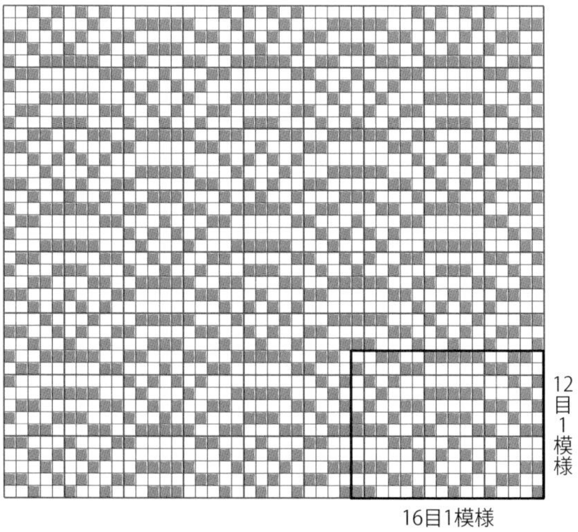

観世水

≫p10

25番刺繍糸／996
2本どり

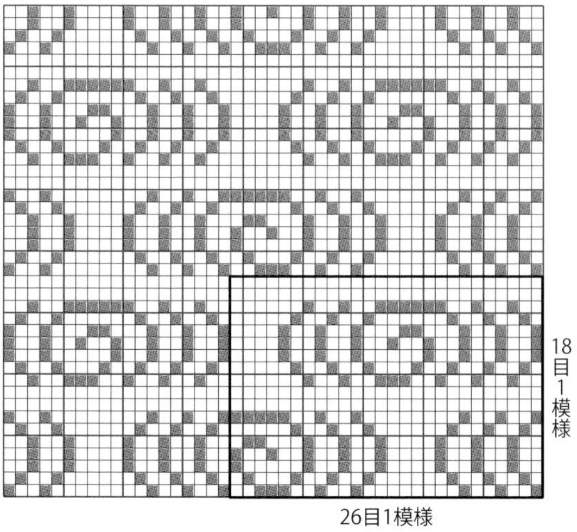

麻の葉つなぎ

≫p10

25番刺繍糸／702
2本どり

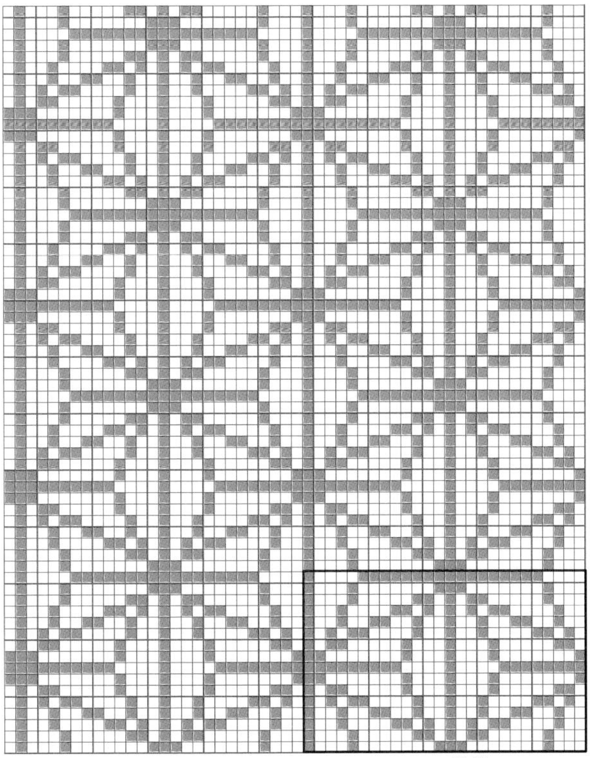

16目1模様

26目1模様

菊立涌

≫p10

25番刺繍糸／742
2本どり

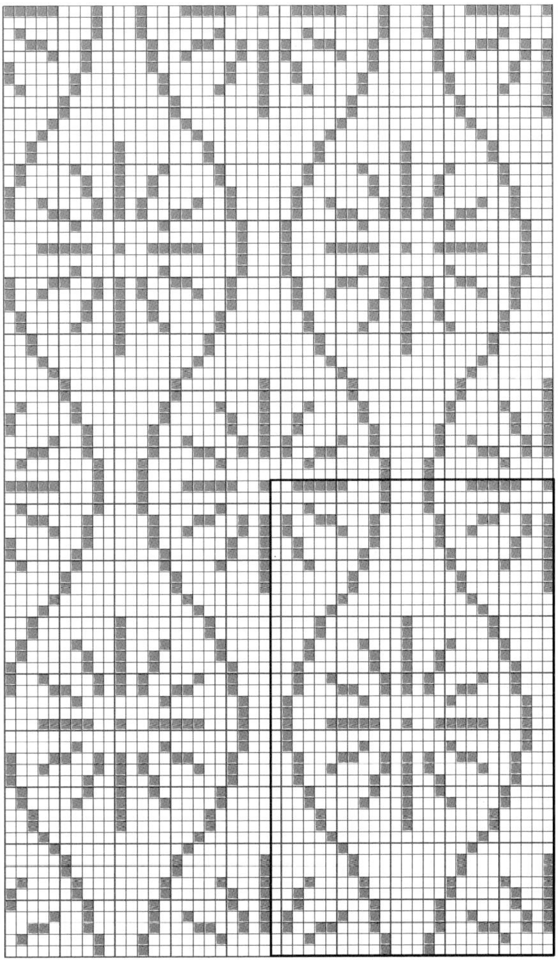

42目1模様

26目1模様

紋入り亀甲

≫p13

25番刺繍糸／311
2本どり

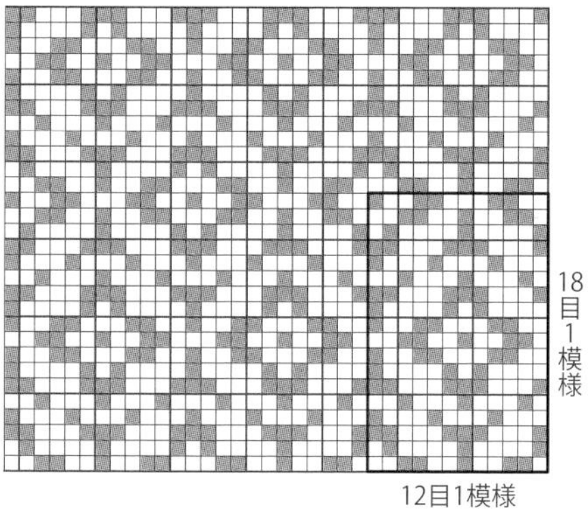

子持ち亀甲

≫p13

25番刺繍糸／311
2本どり

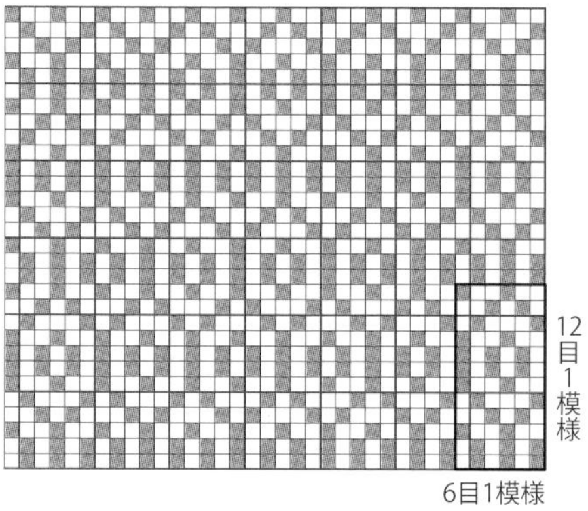

八重亀甲

≫p13

25番刺繍糸／311
2本どり

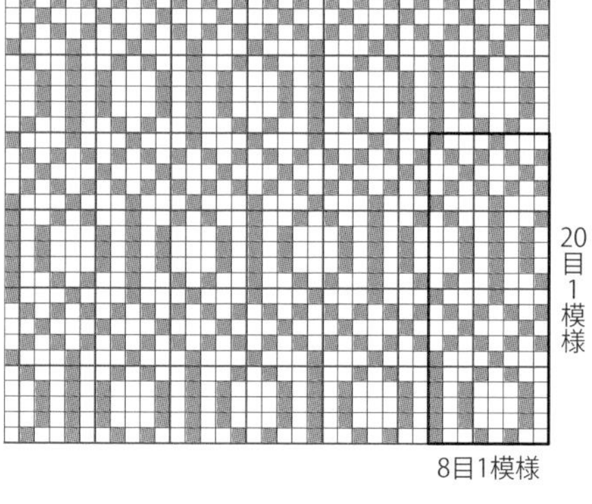

檜垣

≫p14

25番刺繍糸／632
2本どり

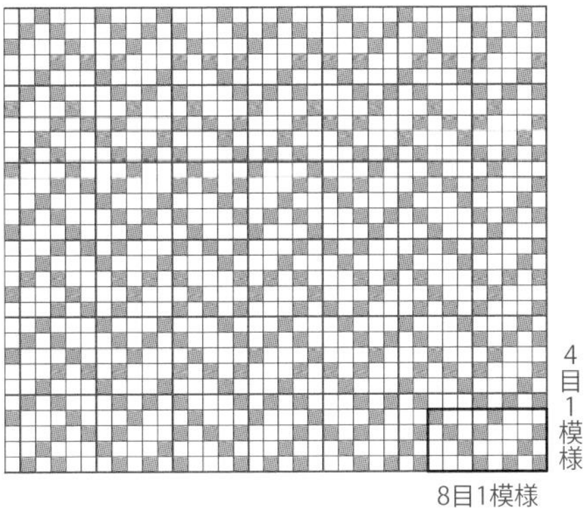

段つなぎ

≫p14

25番刺繍糸／3608
2本どり

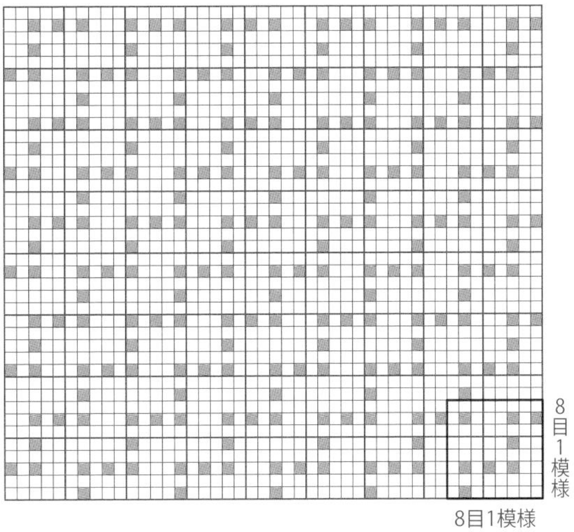

松皮菱

≫p14

25番刺繍糸／562
2本どり

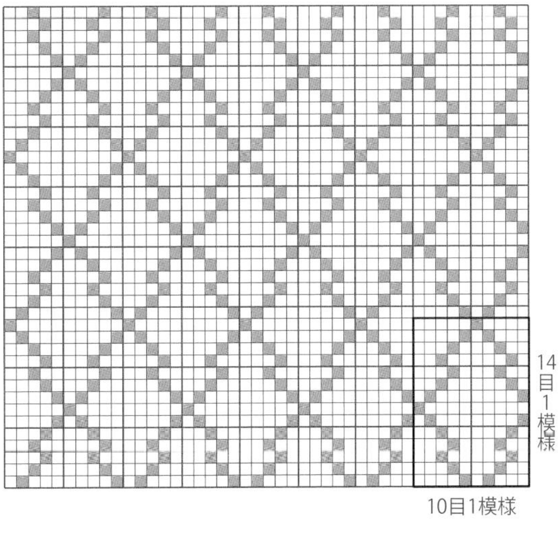

井桁万字

≫p17

25番刺繍糸／311
2本どり

34目1模様

34目1模様

紗綾形

≫p17

25番刺繍糸／311
2本どり

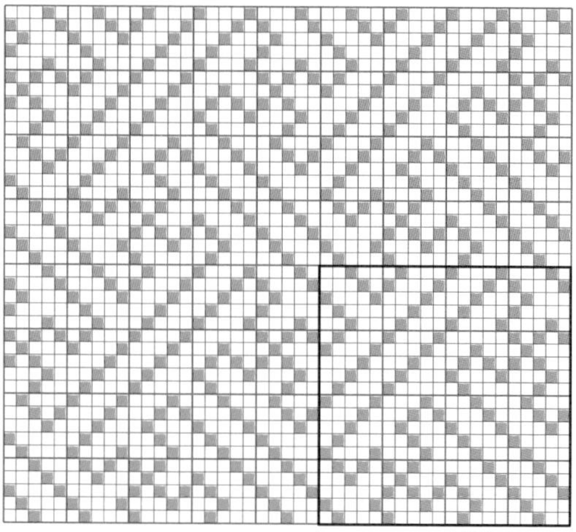

20目1模様

20目1模様

雷格子

≫p17

25番刺繍糸／311
2本どり

22目1模様

22目1模様

七宝つなぎ

≫p19

25番刺繍糸／311
2本どり

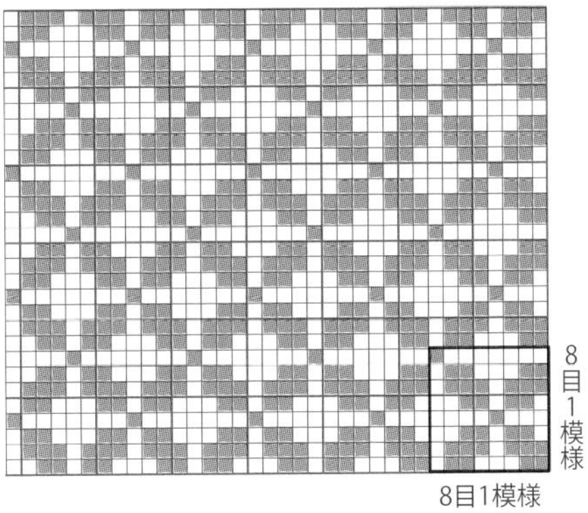

籠目

≫p19

25番刺繍糸／311
2本どり

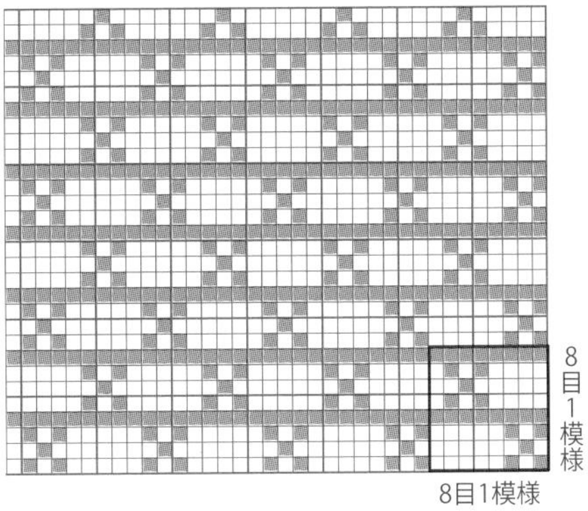

御召十

≫p19

25番刺繍糸／311
2本どり

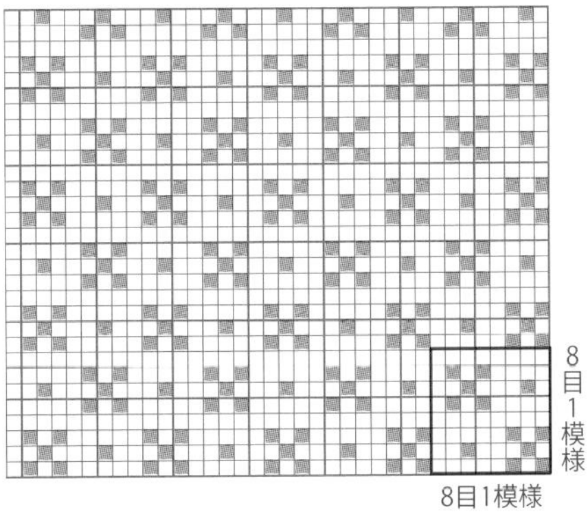

高麗屋格子

≫p20

25番刺繍糸／311
2本どり

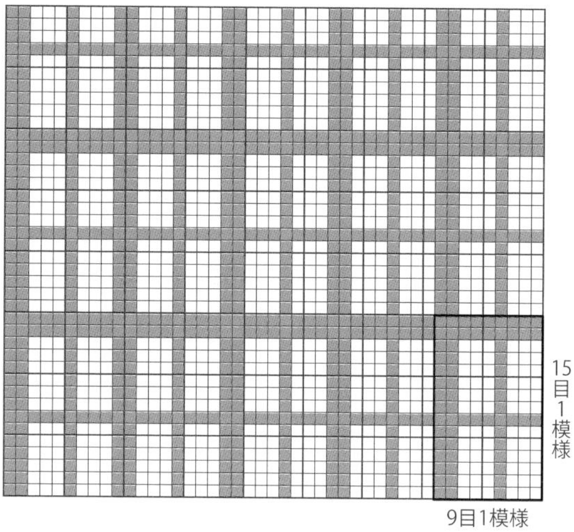

芝翫縞

≫p20

25番刺繍糸／311
2本どり

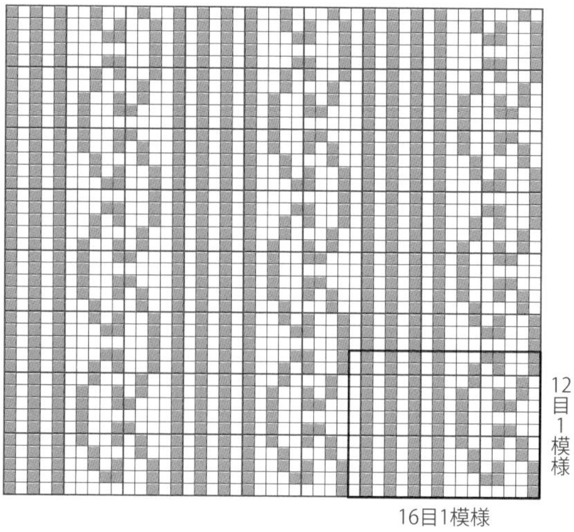

三枡つなぎ

≫p21

25番刺繍糸／311
2本どり

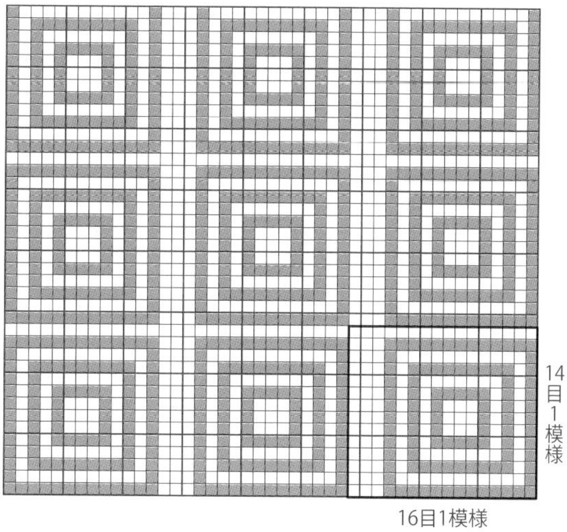

六弥太格子

≫p21

25番刺繍糸／311
2本どり

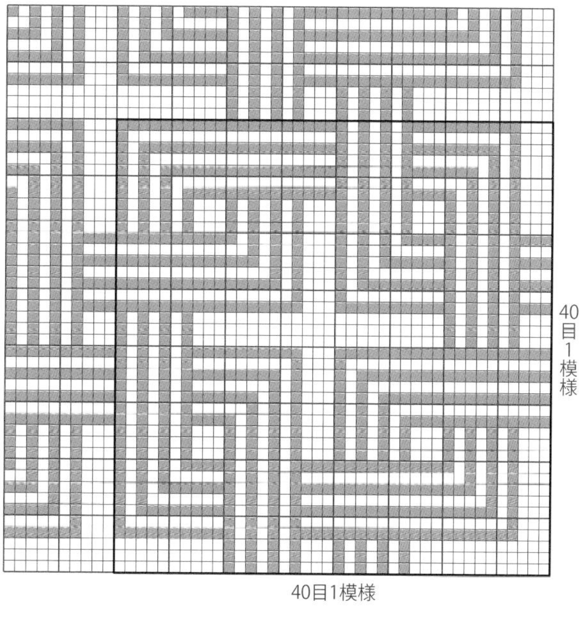

群千鳥

≫p22

25番刺繡糸／311
2本どり

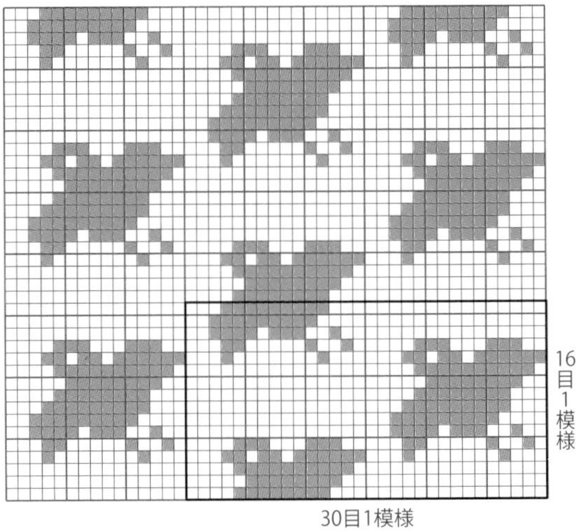

千鳥つなぎ

≫p22

25番刺繡糸／311
2本どり

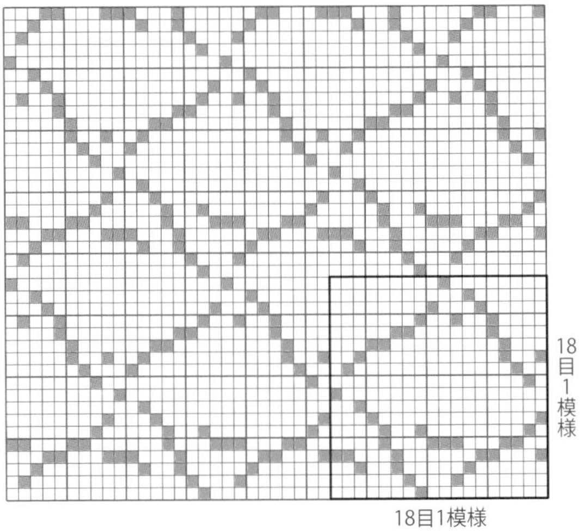

千鳥立涌

≫p23

25番刺繡糸／311
2本どり

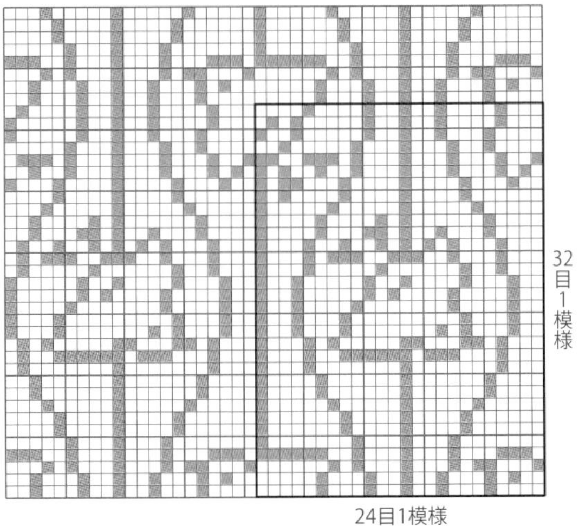

蝙蝠つなぎ

≫p24

25番刺繡糸／311
2本どり

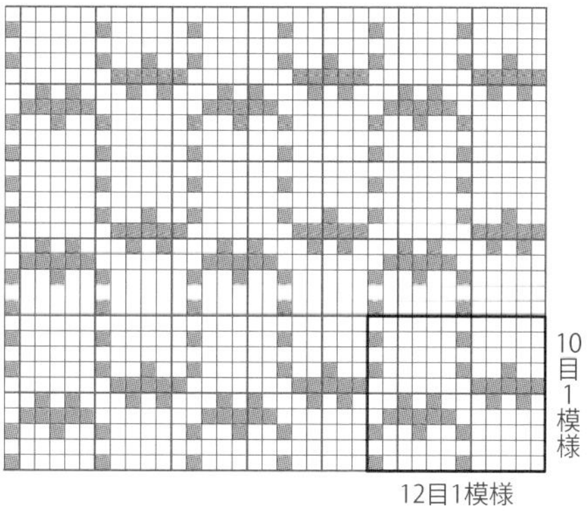

蜻蛉

≫p25

25番刺繡糸／311
2本どり

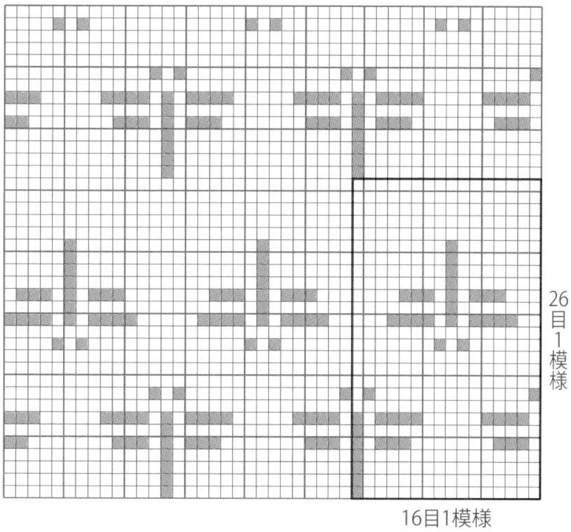

算盤縞

≫p26

25番刺繡糸／311
2本どり

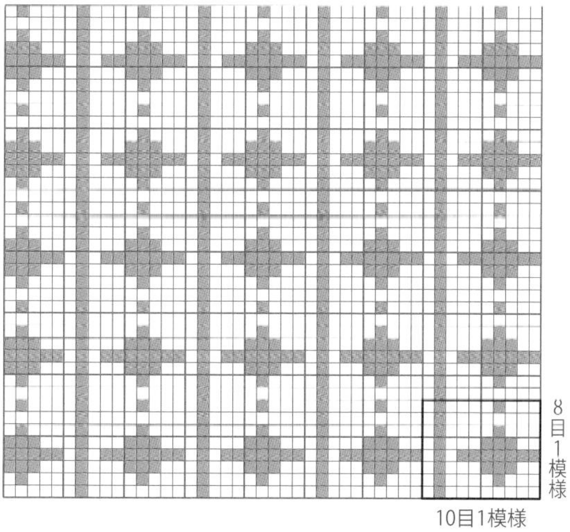

刷毛ならべ

≫p27

25番刺繡糸／311
2本どり

17目1模様

14目1模様

鰻つなぎ

≫p28

25番刺繡糸／311
2本どり

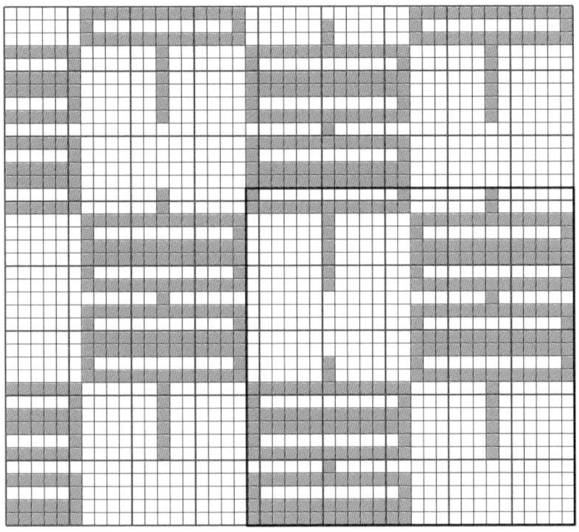

26目1模様

26目1模様

鷗石畳

≫p29

25番刺繡糸／311
2本どり

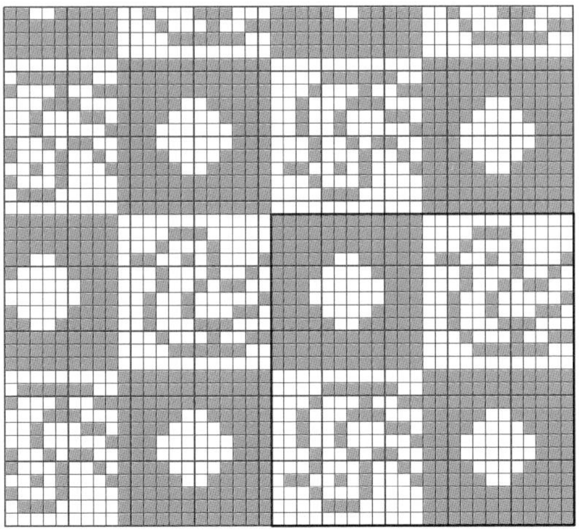

24目1模様

24目1模様

向かい鶴菱

≫p31

25番刺繍糸／311／2本どり

※右に90°回転させた向きでご使用ください

雲鶴

≫p32

25番刺繍糸／311／2本どり

※左に90°回転させた向きでご使用ください

48目1模様

67目1模様

荒磯

≫p33

25番刺繍糸／311／2本どり

※右に90°回転させた向きでご使用ください

向かい鶴菱

≫p30

25番刺繍糸／311
2本どり

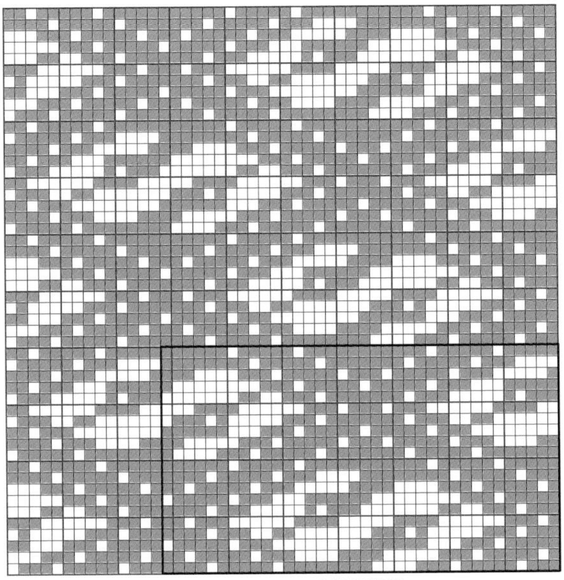

角の七宝

≫p34

25番刺繍糸／311
2本どり

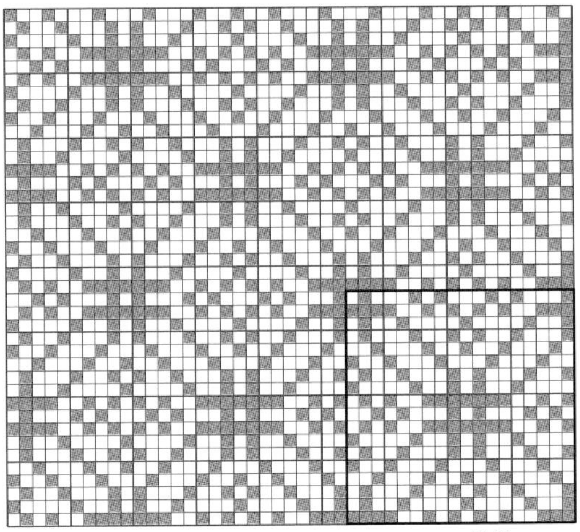

三重格子

≫p35

25番刺繍糸／311
2本どり

28目1模様

28目1模様

四つで

≫p35

25番刺繍糸／311
2本どり

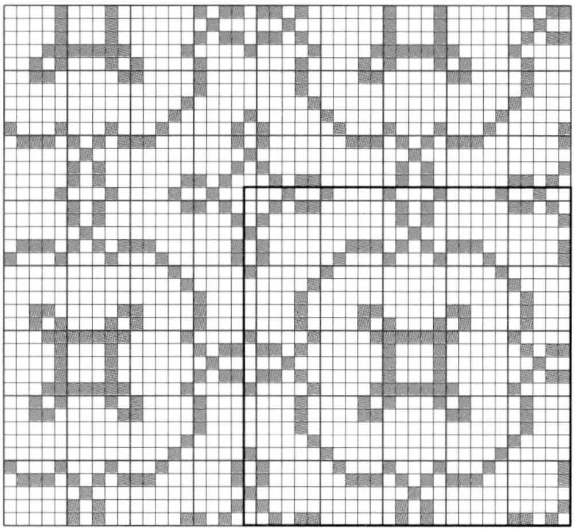

26目1模様

26目1模様

文の字つなぎ

≫p36

25番刺繍糸／311
2本どり

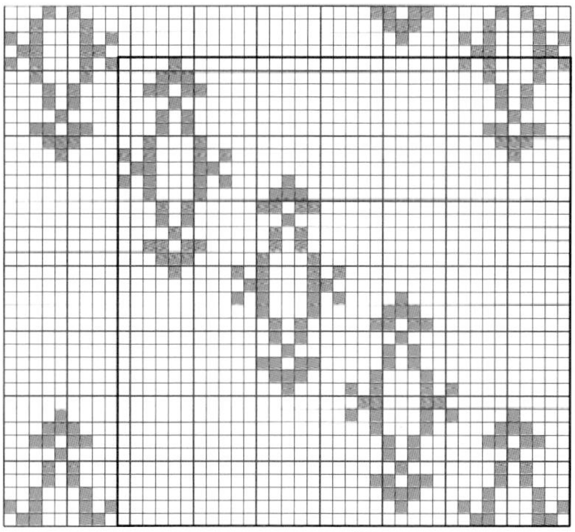

36目1模様

36目1模様

神通網

≫p36

25番刺繡糸／311
2本どり

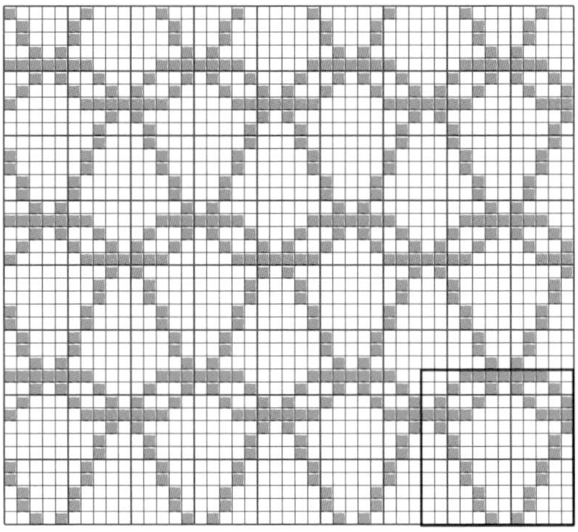

12目1模様

12目1模様

松波

≫p37

25番刺繡糸／311
2本どり

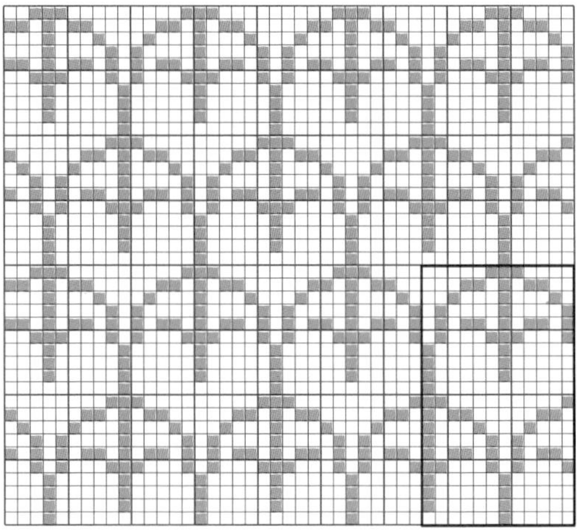

20目1模様

12目1模様

藤種形

≫p37

25番刺繡糸／311
2本どり

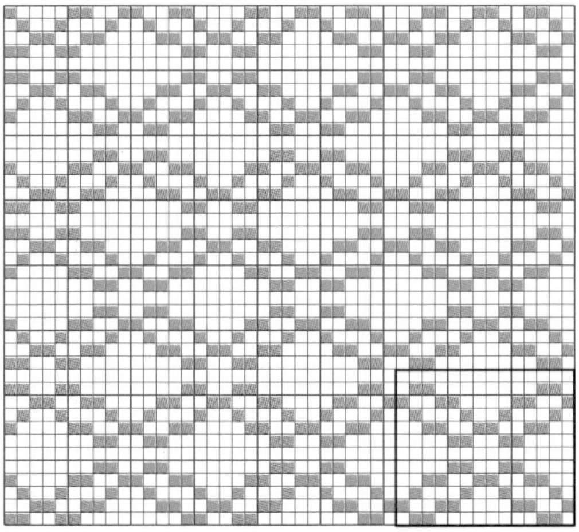

12目1模様

14目1模様

瓦小口

≫p38

25番刺繍糸／311
2本どり

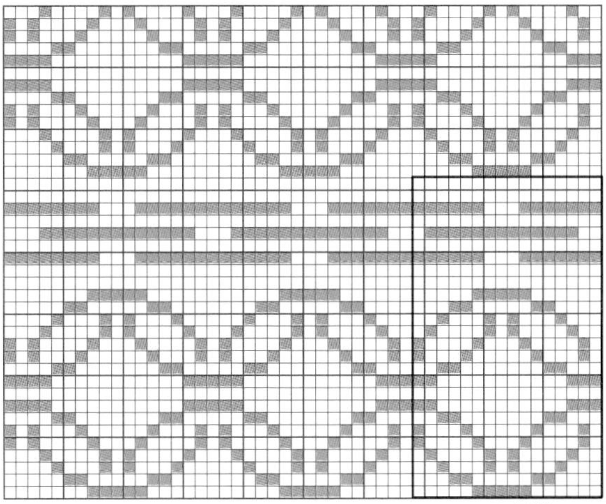

26目1模様

16目1模様

行つもどりつ

≫p39

25番刺繍糸／311
2本どり

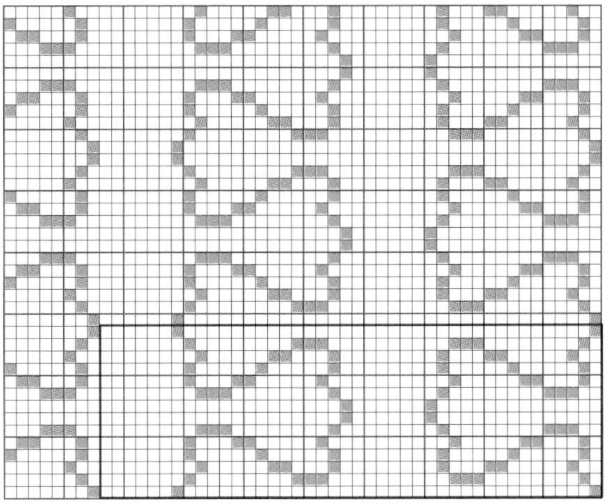

14目1模様

42目1模様

ねぢのふじたね ≫p38

25番刺繍糸／311／2本どり

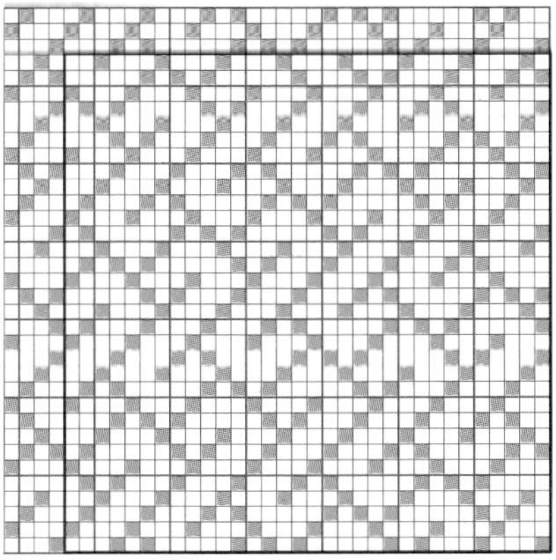

32目1模様

32目1模様

唐様のしょうじのくみかた ≫p39

25番刺繍糸／311／2本どり

16目1模様

8目1模様

梅格子

≫p40

25番刺繍糸
470、730、3853、3854
2本どり

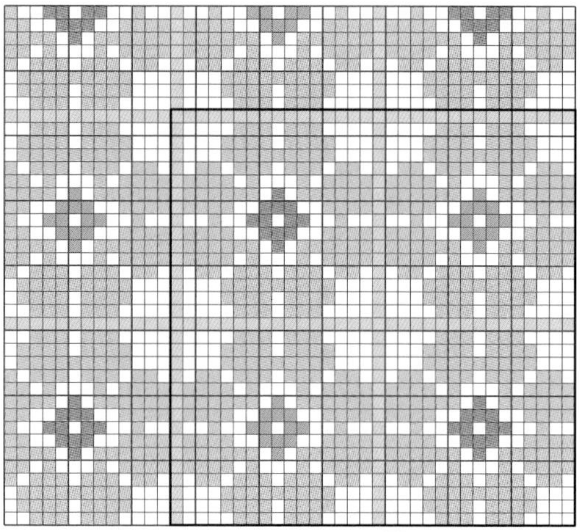

32目1模様

32目1模様

二本格子

≫p41

25番刺繍糸／758、3862
2本どり

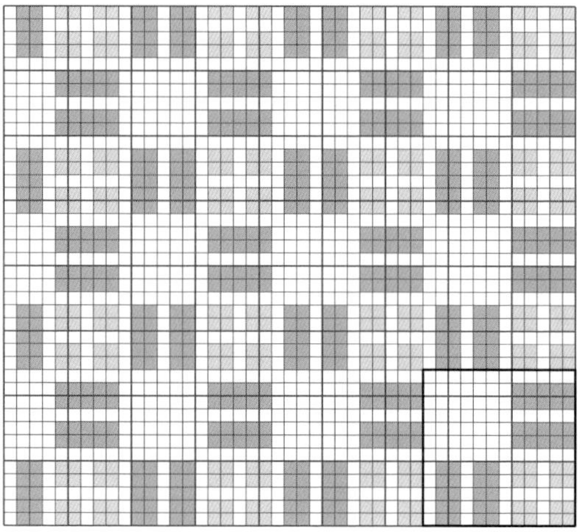

12目1模様

12目1模様

二重格子

≫p41

25番刺繍糸／340、972
2本どり

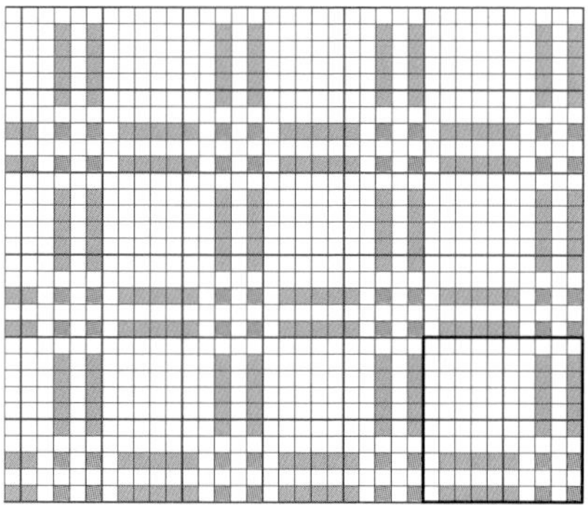

10目1模様

10目1模様

変わり格子

≫p42

25番刺繍糸
645、973、3845
2本どり

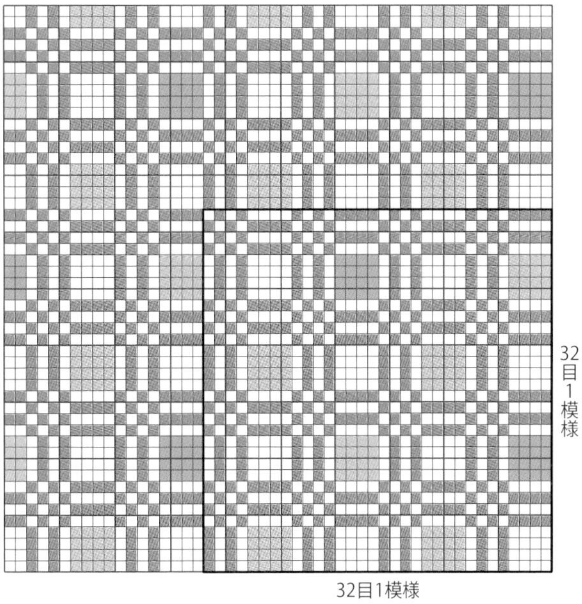

網代格子

≫p42

25番刺繍糸／792、ECRU
2本どり

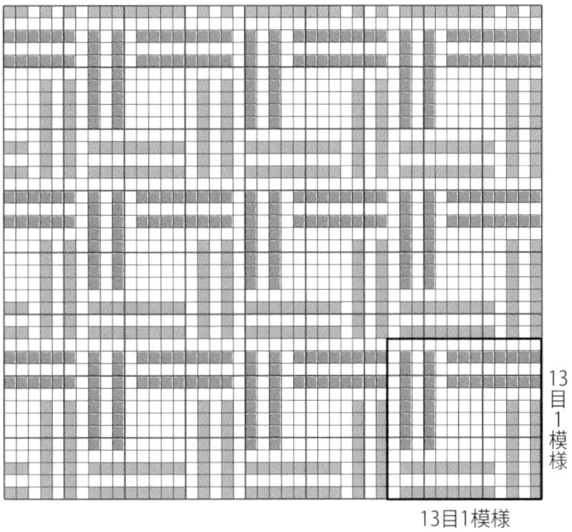

変わり格子

≫p43

25番刺繍糸／826
2本どり

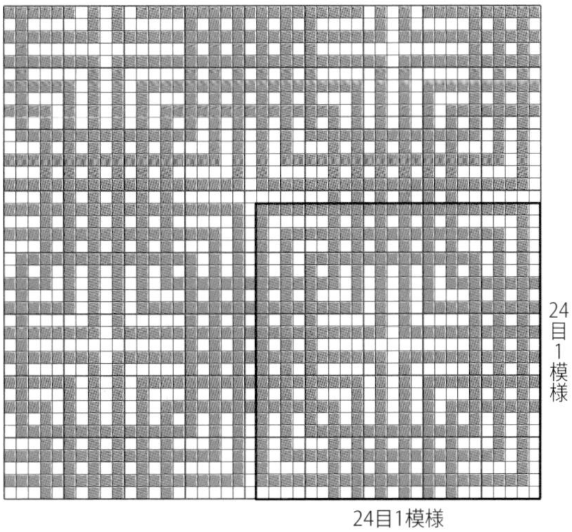

米格子

≫p43

25番刺繡糸／519、726
2本どり

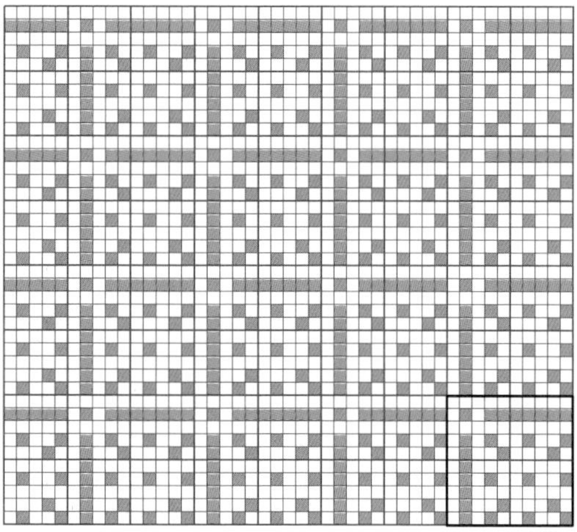

10目1模様

10目1模様

花と霞

≫p44

25番刺繡糸／932、3609
2本どり

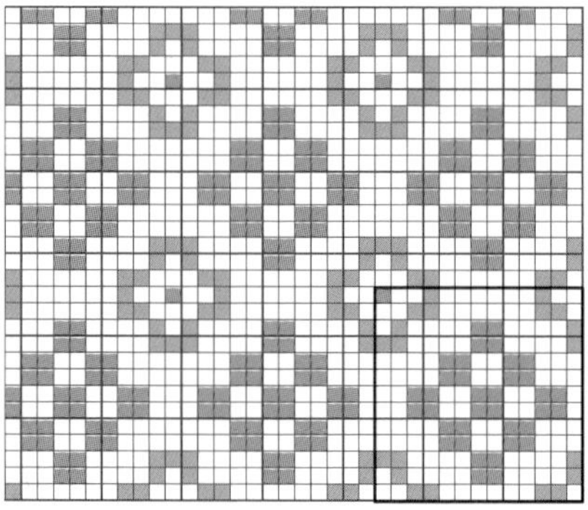

13目1模様

13目1模様

花入り石畳

≫p44

25番刺繡糸／349、E3821
2本どり

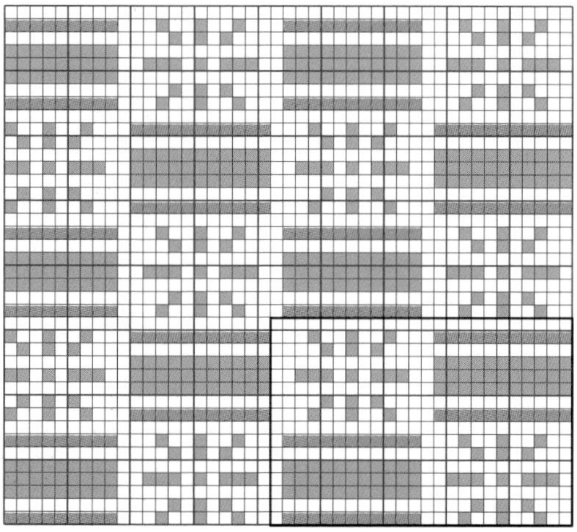

16目1模様

24目1模様

小花

≫p45

25番刺繍糸／646、816
2本どり

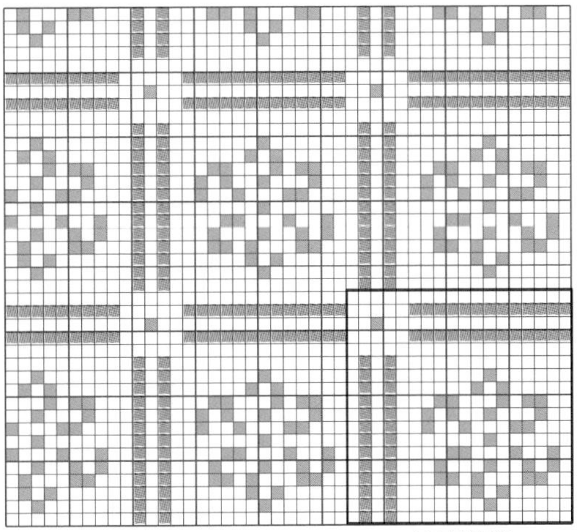

四つ桜

≫p45

25番刺繍糸
445、604、954
2本どり

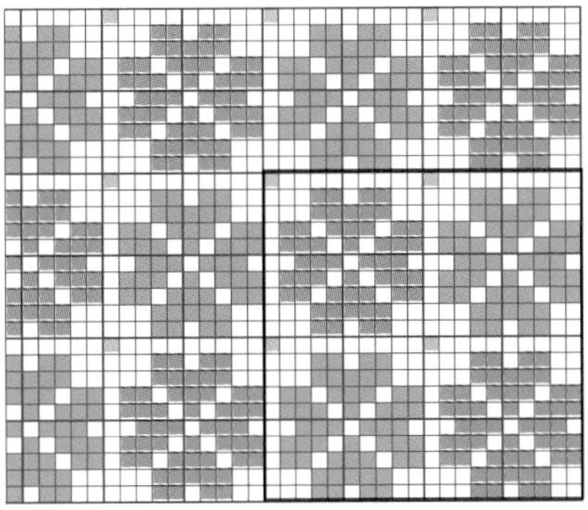

胡麻

≫p46

25番刺繍糸
307、828、958
2本どり

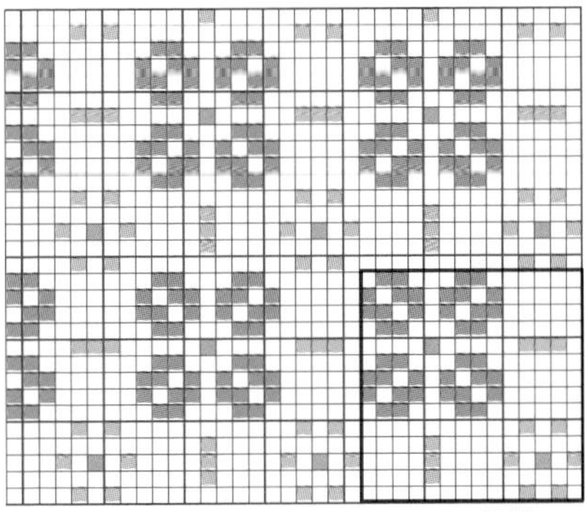

柏の格子

≫p46

25番刺繍糸／986、3347
2本どり

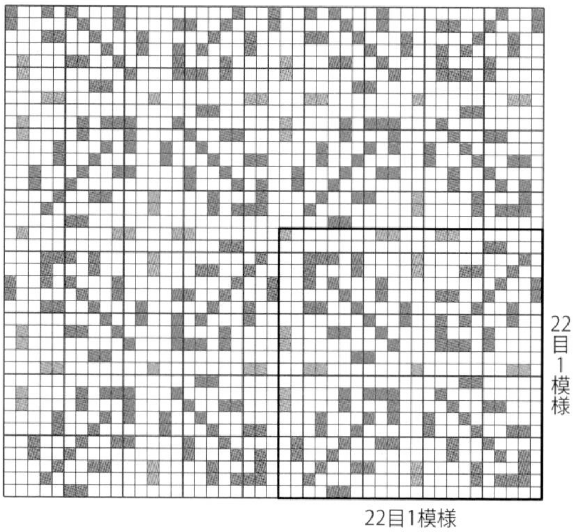

変わり四つ葉

≫p47

25番刺繍糸／793、907
2本どり

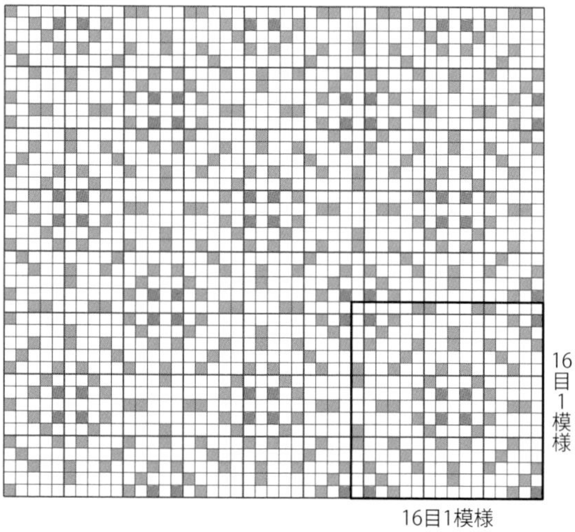

木賊縞

≫p47

25番刺繍糸／469、3852
2本どり

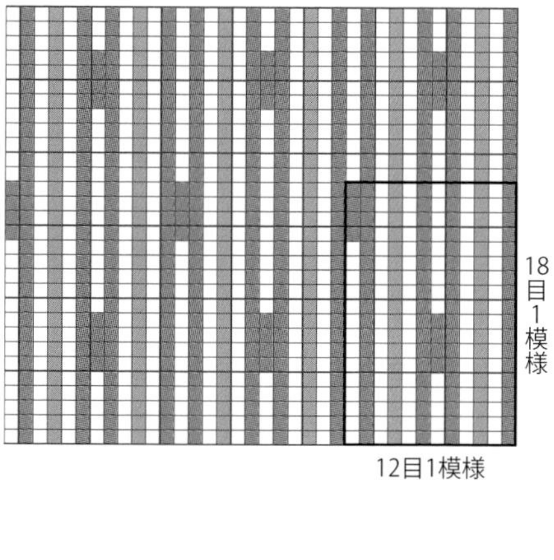

剣菱

≫p48

25番刺繍糸／415、3746
2本どり

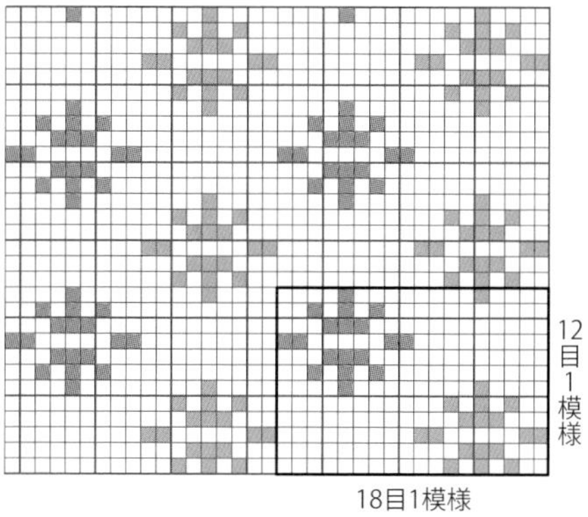

市松花菱

≫p48

25番刺繍糸／3740、E677
2本どり

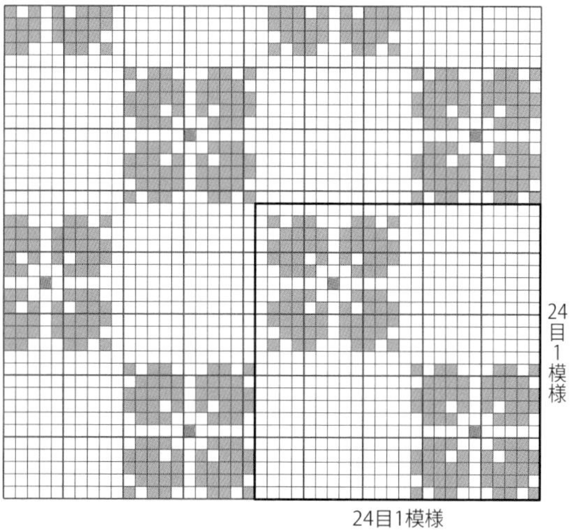

唐花菱

≫p49

25番刺繍糸／732、3607
2本どり

30目1模様

30目1模様

業平菱

≫p49

25番刺繡糸／208、732
2本どり

花七宝

≫p57

25番刺繡糸／311／2本どり

38目1模様

38目1模様

角吉 ≫p50

25番刺繍糸／987／2本どり

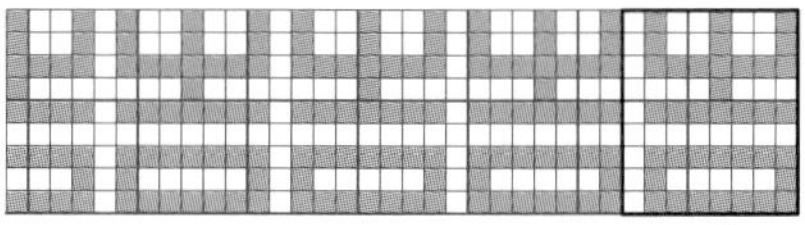

9目1模様

8目1模様

福寿 ≫p51

25番刺繍糸／987／2本どり

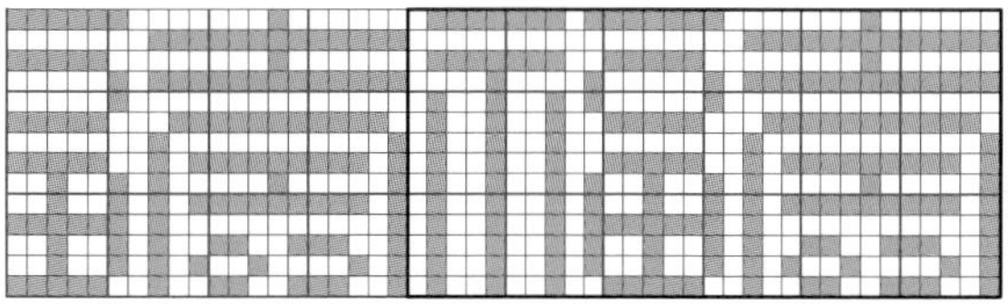

14目1模様

30目1模様

角巴 ≫p50

25番刺繍糸／987／2本どり

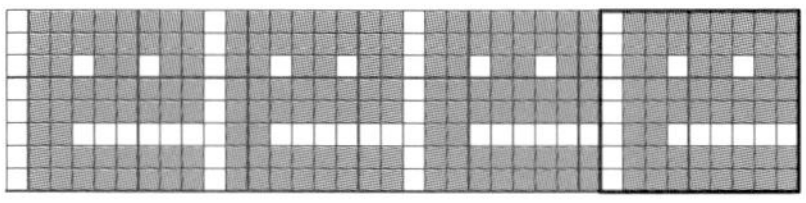

8目1模様

9目1模様

菊桐 ≫p51

25番刺繍糸／987／2本どり

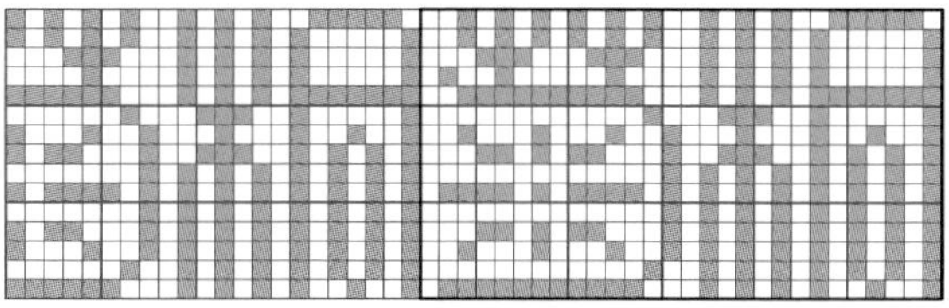

15目1模様

28目1模様

吉鱗 ≫p50

25番刺繍糸／987／2本どり

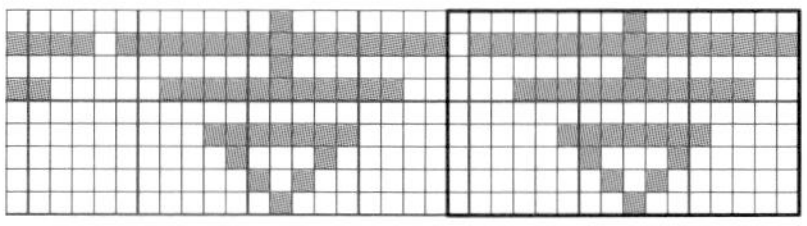

9目1模様

16目1模様

富 ≫p51

25番刺繍糸／987／2本どり

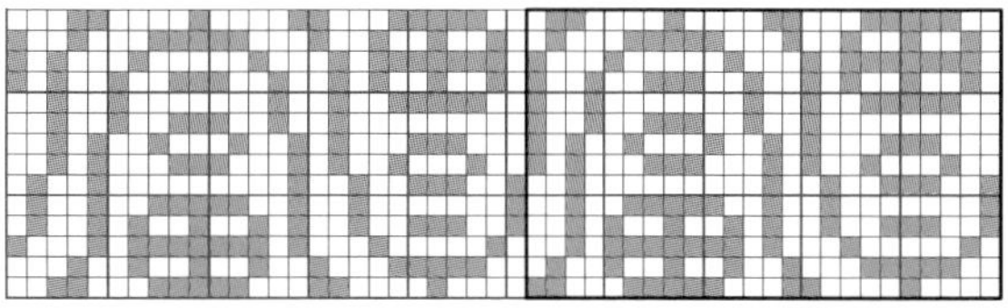

14目1模様

24目1模様

繋叶 ≫p50

25番刺繍糸／987／2本どり

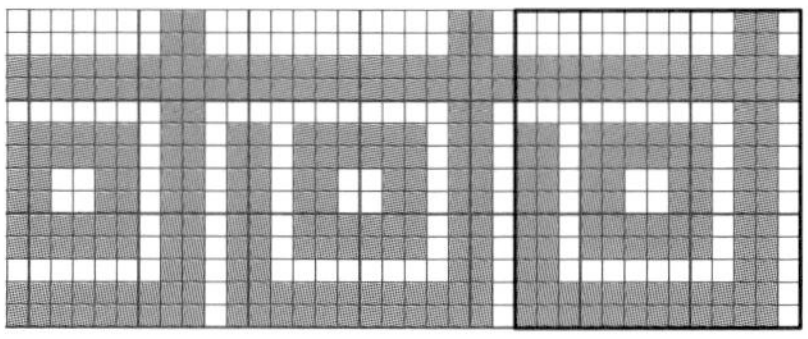

14目1模様

13目1模様

八 ≫p51

25番刺繍糸／987／2本どり

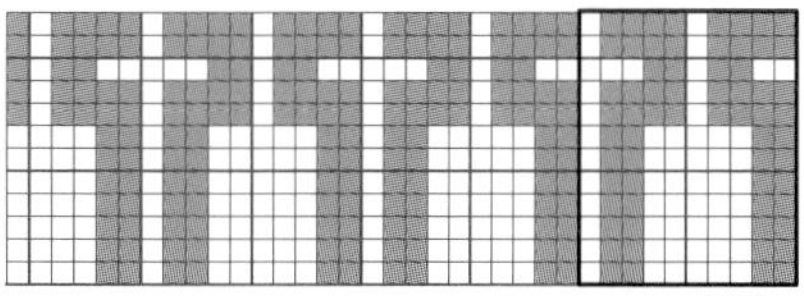

12目1模様

10目1模様

ブックカバー ≫p52

縦16cm×横29cm

■材料

- 表布（14ctアイーダ） 36cm×18cm
- 裏布（綿布） 36cm×18cm
- ゴムテープ（1cm幅） 18cm
- 25番刺繍糸／552、472、732
  ＊3本どり

■作り方

1 表布を本にかけてみて、好みの場所に刺繍をする。
 ＊図案はp87の胡麻

2 表布と裏布を中表に合わせ、ゴムテープをはさんで返し口を残して周囲を縫う。

3 表に返し、返し口をまつる。

4 端から5cmのところを折りたたみ、まつる。

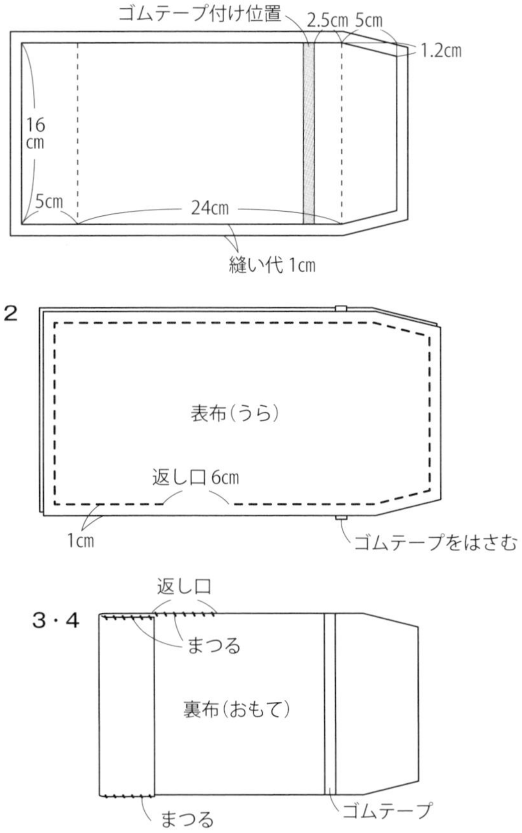

ポケットティッシュカバー

≫p54

縦9cm×横12.5cm

■材料

- 布（16ctアイーダ）
  14.5cm×20cm（1個分）
- 25番刺繍糸／蜻蛉 316、318、E317
  花 743、581
  ＊2本どり

■作り方

1 両端を三つ折にして、縫う（取り出し口の部分になる）。

2 中表にして取り出し口が中央にくるように、両端をつき合わせ脇を縫う。

3 縫い代を取り出し口のない側に倒し、マチ幅1cmのところを縫い、マチを作る（4箇所）。

4 表に返し、刺繍をする。
 ＊図案はp75の蜻蛉とp66の市松、p89の市松花菱とp71の七宝つなぎ

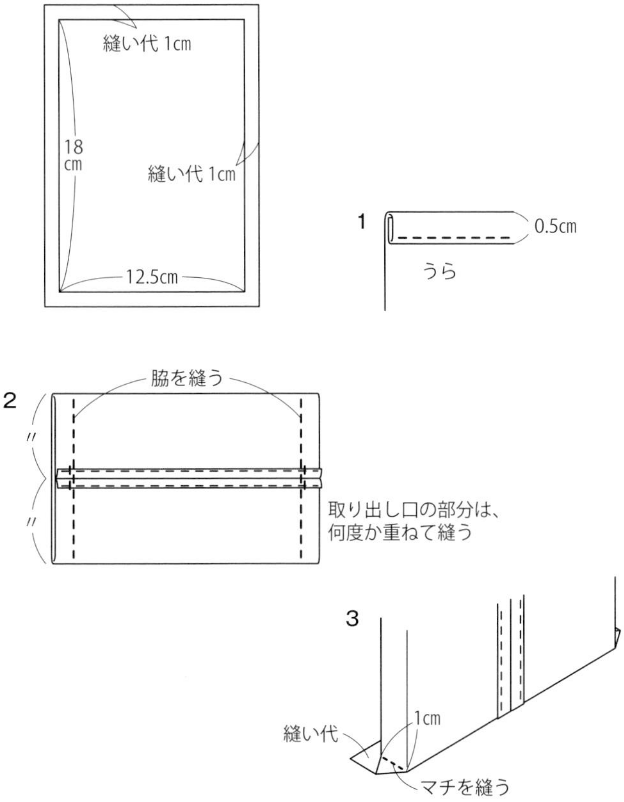

がまぐち ≫p53

縦(口金まで含む)8.5cm×横8cm

■材料

- 表布(16ctアイーダ)　18cm×8cm
- 裏布(綿布)　18cm×8cm
- 25番刺繍糸／368、3820
  ＊2本どり
- 口金(幅7cm×高さ5.5cm)
- 紙ひも　約8cm×2本
- 手芸用ボンド

■作り方

1　表布2枚に刺繍をする。縫い代の半分くらいまで刺繍しておくとよい。
　＊図案はp85の変わり格子

2　表布2枚と裏布2枚をそれぞれ中表に合わせ、縫い止まり(★)から縫い止まり(★)までを縫う。

3　2の表布と裏布を中表に合わせ、返し口を残して縫う。

4　表に返し、返し口をまつる。

5　裏布の口の縫い止まりより1.5cmのところから紙ひもを縫い付ける。

6　口金の溝にボンドを塗り、布を溝の奥まで目打ちなどで差し込む。

7　口金の内側の端をペンチで締める。傷がつかないように当て布をすること。

型紙(実寸)

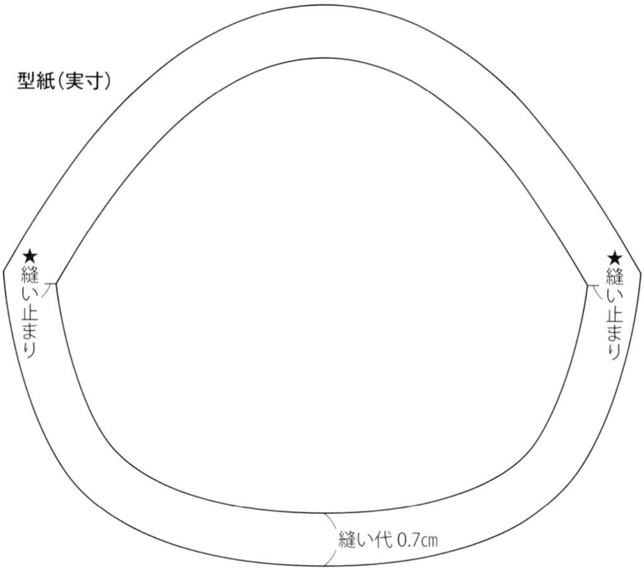

2

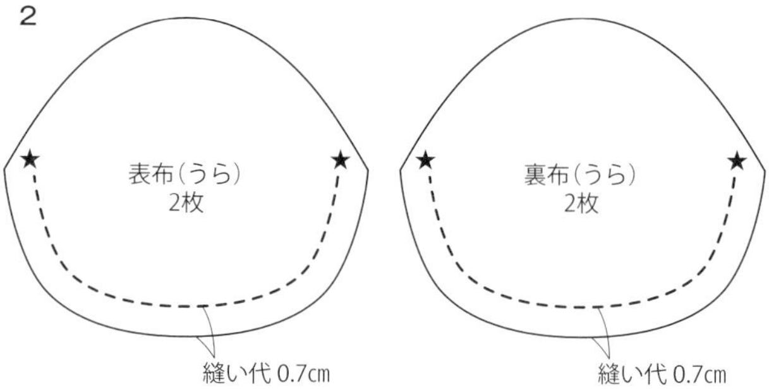

5

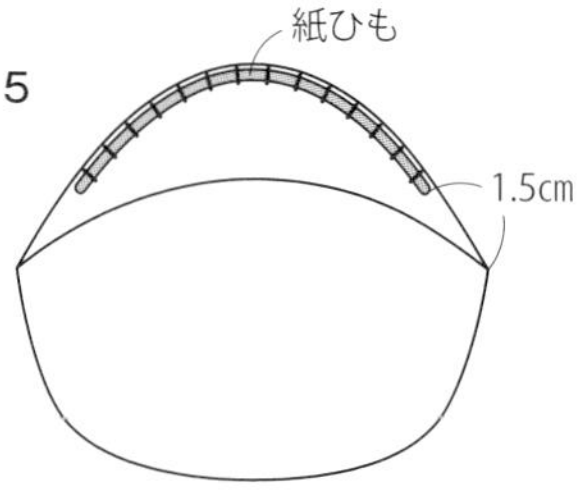

3

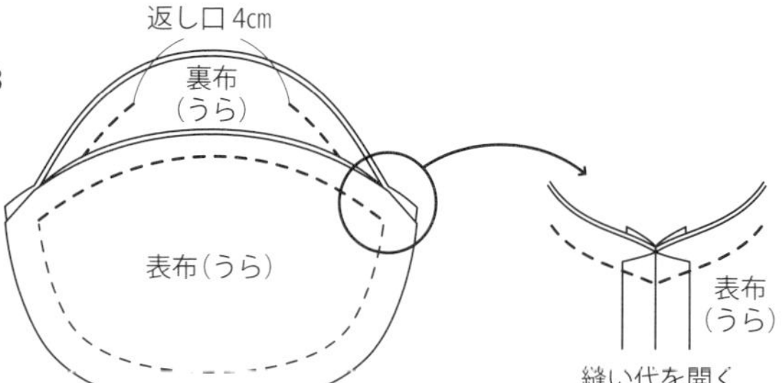

7

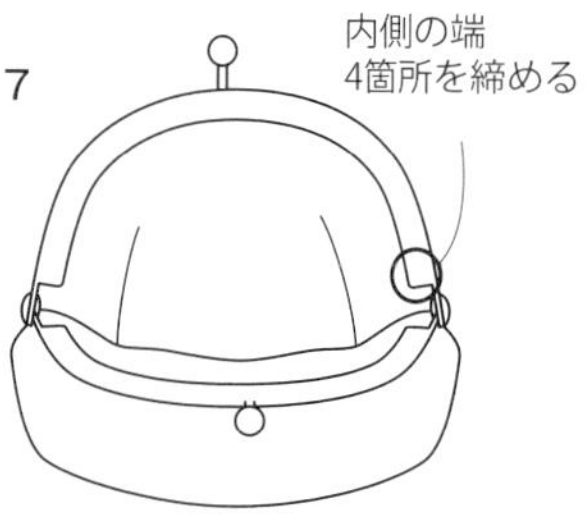

巾着　≫p55

縦18cm×横19cm

■材料

- 表布A（16ctアイーダ）　18cm×20cm
- 表布B（綿布）　28cm×20cm
- 裏布（綿布）　40cm×20cm
- 25番刺繡糸／311、322、827
  ＊2本どり
- テープ（1.5cm幅）　45cm
- ひも（直径5mm）　50cm×2本

■作り方

1 表布A２枚に刺繡をする。
  ＊図案はp66の青海波、p74の群千鳥
2 表布Aの両脇に表布Bを縫い付ける（A-B-A-Bと輪になる）。中表に合わせて縫い、縫い代はB側へ倒す。
3 表布Bの端にステッチをかける。
4 A同志が重なるようにして、中表に合わせ底を縫う。
5 裏布を38cmのところを半分に中表に折り、脇と底を縫う。
6 表布、裏布ともにマチを作る。
7 表布、裏布の口部分の縫い代を裏へ折り返し、表布（外表）の中に裏布を入れる。
8 テープを８等分し、表布と裏布の間に挟み、まち針で留め、口周りの端を縫う。
9 ひもを通して結ぶ。

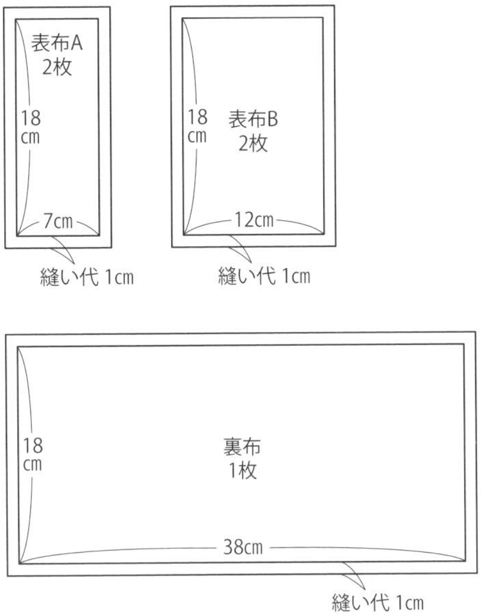

3・4

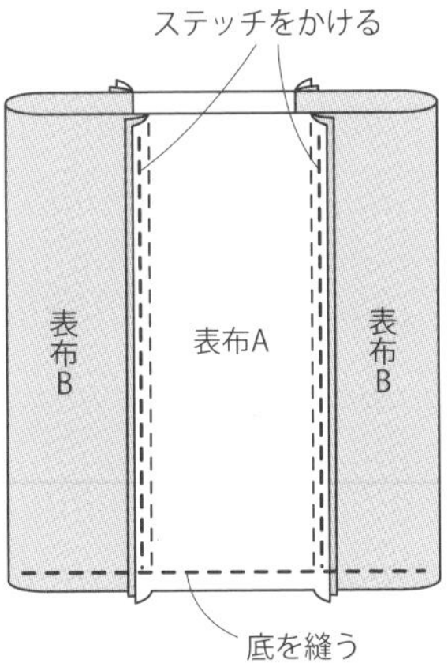

6

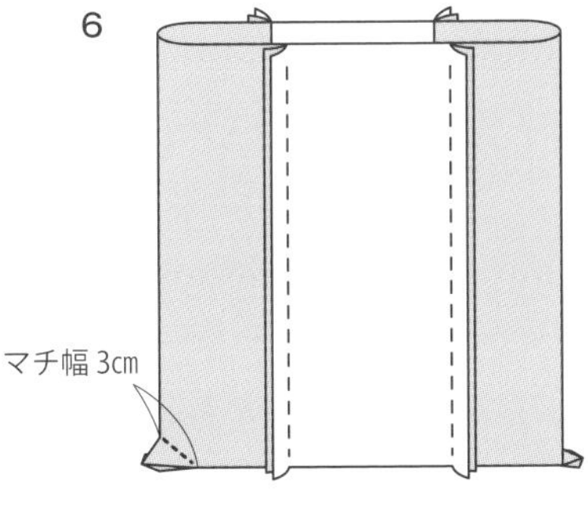

8

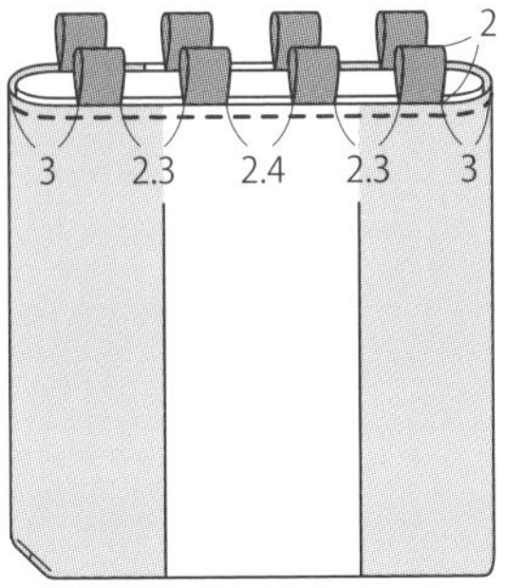

コースター ≫p54

縦8cm×横8cm

■材料

- 表布(16ctアイーダ)　10cm×10cm(1枚分)
- 裏布(綿布)　10cm×10cm(1枚分)
- 25番刺繍糸/841、3727、989
  ＊2本どり

■作り方

1　表布に刺繍をする。
　＊図案はp87の四つ桜
2　表布と裏布を中表に合わせて、返し口を残して周囲を縫う。
3　縫い代の角をななめにカットする。
4　表に返し、返し口をまつる。

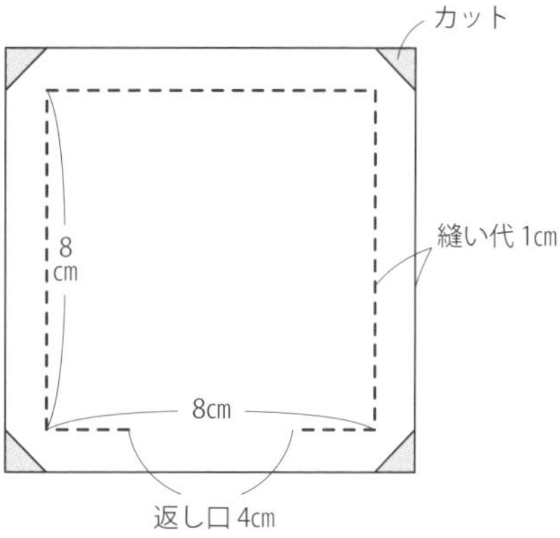

テーブルセンター ≫p58

幅約31cm×長さ約52.5cm

■材料

- 布 平織り綿または麻(80目/10cm)
  約33.5cm×約55cm
  ＊2目を1目として刺繍する
- 25番刺繍糸/311
  ＊3本どり

■作り方

1　ひと目おきに並縫いし、格子を刺繍する。
　格子の中はこのラインを抜かして縦横42目(約5.2cm)となる。
2　2目を1目として、布に刺繍をする。
　＊図案は右図の通り。
3　周囲を三つ折りにし、裏でまつる。

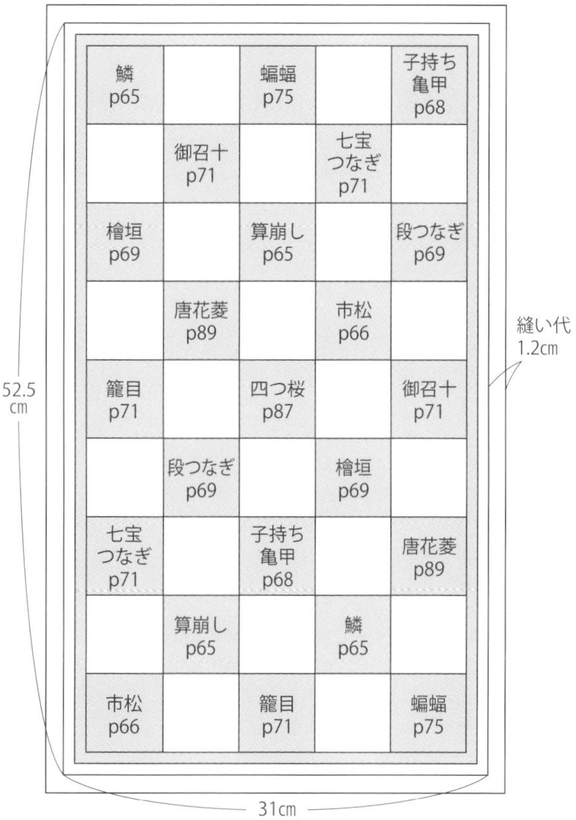

1〈布端の図案〉

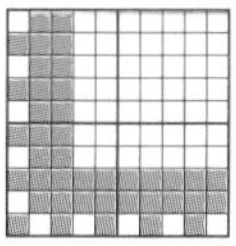

2

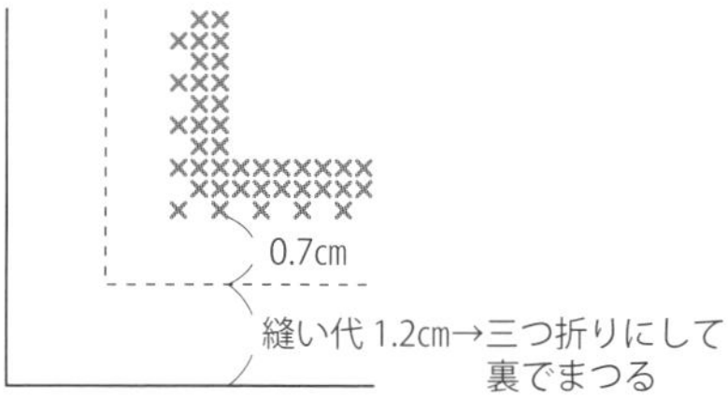

著者

遠藤佐絵子

刺繍家。公益社団法人日本図案家協会準会員。
ヨーロッパ刺繍を学んだ後、日本の伝統文様の美しさに魅せられ、クロスステッチで表現しはじめる。書籍や雑誌などに図案を提供している。著書に『クロスステッチで楽しむ きもの模様』『クロスステッチで楽しむ レトロ模様』『クロスステッチで楽しむ アンティークタイルの模様』(いずれも小社)、『和のクロスステッチ図案帖』(日本ヴォーグ社)。

staff

デザイン	土屋裕子(株式会社ウエイド)
撮影	わだりか(mobiile)
スタイリング	高橋ゆかり
図案制作	株式会社ウエイド
編集協力	鶴留聖代

<刺繍糸協力>
ディー・エム・シー株式会社
03-5296-7831
www.dmc.com

参考文献

『日図 日本の文様』(社団法人日本図案家協会)2007年
『日図 日本の文様Ⅱ』(社団法人日本図案家協会)2006年
『日本の文様 染めの型紙』(クレオ)2006年
『日本の文様』(平凡社)2009年
『幾何・器物 湯浅八郎記念館所蔵品にみる日本の文様』(国際基督教大学博物館湯浅八郎記念館)2002年
『和の意匠にみる文様の名の物語』(淡交社)2005年
『開運! 日本の伝統文様』(日本実業出版社)2010年
『きものの文様』(世界文化社)2009年
『きもの文様図鑑』(ハースト婦人画報社)2012年
『日本の伝統文様事典』(講談社)2000年 ほか

本書の内容に関するお問い合わせは、お手紙かメール(jitsuyou@kawade.co.jp)にて承ります。
恐縮ですが、お電話でのお問い合わせはご遠慮くださいますようお願いいたします。

本書は2013年11月小社刊『クロスステッチで楽しむ和の模様』を改訂したものです

クロスステッチで楽しむ
和の模様 改訂版

2013年11月30日 初版発行
2023年 5月20日 改訂版初版印刷
2023年 5月30日 改訂版初版発行

著者 遠藤佐絵子
発行者 小野寺優
発行所 株式会社河出書房新社
〒151-0051 東京都渋谷区千駄ヶ谷2-32-2
電話 03-3404-1201(営業)
03-3404-8611(編集)
https://www.kawade.co.jp/

印刷・製本 三松堂株式会社

Printed in Japan
ISBN978-4-309-29285-4